Découvrez des Jeux Gratuits en Ligne

Disponible Ici :

BestActivityBooks.com/FREEGAMES

5 ASTUCES POUR DÉMARRER !

1) COMMENT RÉSOUDRE LES MOTS MÊLÉS

Les puzzles sont dans un format classique :

- Les mots sont cachés sans espaces, tirets, ...
- Orientation : Les mots peuvent être écrits en avant, en arrière, vers le haut, vers le bas ou en diagonale (ils peuvent être inversés).
- Les mots peuvent se chevaucher ou se croiser.

2) UN APPRENTISSAGE ACTIF

Un espace est prévu à côté de chaque mots pour noter la traduction. Pour favoriser un apprentissage actif un **DICTIONNAIRE** à la fin de cette édition vous permettra de vérifier et étendre vos connaissances. Cherchez et notez les traductions, trouvez-les dans le Puzzle et ajoutez-les à votre vocabulaire !

3) MARQUEZ LES MOTS

Vous pouvez inventer votre propre système de marquage. Peut-être en utilisez-vous déjà un ? Sinon, vous pourriez, par exemple, marquer les mots qui ont été difficiles à trouver d'une croix, ceux que vous avez aimés d'une étoile, les mots nouveaux d'un triangle, les mots rares d'un diamant, etc...

4) STRUCTUREZ VOTRE APPRENTISSAGE

Cette édition vous offre un **CARNET DE NOTES** très pratique à la fin du livre. En vacances ou en voyage ou à la maison, vous pouvez facilement organiser vos nouvelles connaissances sans avoir besoin d'un second bloc-notes !

5) VOUS AVEZ FINI TOUTES LES GRILLES ?

Allez à la section bonus **CHALLENGE FINAL** pour trouver un jeu gratuit à la fin de cette édition !

Simple et Rapide ! Découvrez notre collection de livres d'activités pour votre prochain moment de détente et **d'apprentissage**, à juste un clic de distance !

Trouvez votre prochain défi sur :

BestActivityBooks.com/MonProchainLivre

À vos marques, prêts... Partez !

Saviez-vous qu'il existe environ 7 000 langues différentes dans le monde ? Les mots sont précieux.

Nous aimons les langues et avons travaillé dur pour créer les livres de la plus haute qualité pour vous. Nos ingrédients ?

Une sélection des thématiques d'apprentissage adaptée, trois belles parts de divertissement, puis nous ajoutons une cuillère de mots difficiles et une pincée de mots rares. Nous les servons avec soin et un maximum de plaisir pour vous permettre de résoudre les meilleurs jeux de mots mêlés qui soient et d'apprendre en vous amusant !

Votre avis est essentiel. Vous pouvez participer activement au succès de ce livre en nous laissant un commentaire. Nous aimerions vraiment savoir ce que vous avez préféré dans cette édition !

Voici un lien rapide qui vous mènera à la page d'évaluation de vos commandes :

BestBooksActivity.com/Avis50

Merci pour votre aide et amusez-vous bien !

De la part de toute l'équipe

1 - Été

```
D  S  Y  S  P  E  L  V  H  P  M  Y  D  C
M  Y  T  C  A  V  K  O  P  P  L  I  N  G
U  B  K  R  Z  N  S  T  J  Ä  R  N  O  R
S  Ö  E  N  A  M  D  H  J  K  E  H  C  U
I  C  C  R  I  N  O  A  O  R  S  O  E  E
K  K  X  X  Z  N  D  V  L  X  A  Y  G  L
R  E  L  S  T  H  G  N  E  E  S  E  C  S
F  R  M  D  U  V  Ä  N  N  E  R  G  H  E
A  S  X  Y  D  W  M  J  I  G  G  C  T  M
M  G  C  A  M  P  I  N  G  L  Ä  D  J  E
I  K  F  N  A  F  R  I  T  I  D  P  D  S
L  S  X  T  T  R  Ä  D  G  Å  R  D  H  T
J  N  O  G  K  X  D  D  I  C  G  O  N  E
C  T  W  N  R  N  J  D  I  B  E  C  U  R
```

VÄNNER	HAV
CAMPING	MUSIK
STJÄRNOR	MAT
FAMILJ	STRAND
TRÄDGÅRD	DYKNING
SPEL	AVKOPPLING
GLÄDJE	SANDALER
BÖCKER	SEMESTER
FRITID	RESA

2 - Adjectifs #2

```
D R A M A T I S K K T J C B
F F J J E P X A R Ä O P Z E
A R E N I R X L E N R E H S
I N I N X P V T A D R R I K
J M S S K R A F T F U L L R
E N P V K H N J I L H X P I
S A F C A A Y E V W F T R V
T T W S V R S L M U U O O A
O U A I K M I E B O J O D N
L R B R G B E G Å V A D U D
T L X S K F H A P H G J K E
S I E X K H V N V I L D T X
F G G V O B J T Y L P W I V
I K A U T E N T I S K U V W
```

AUTENTISK
KÄND
KREATIV
BESKRIVANDE
BEGÅVAD
DRAMATISK
ELEGANT
STOLT
STARK
NATURLIG

NY
PRODUKTIV
KRAFTFULL
REN
ANSVARIG
FRISKA
SALT
VILD
TORR

3 - Exploration

```
B  Y  J  K  N  E  H  U  R  M  T  K  J  R
R  E  V  U  H  Y  R  I  S  K  E  R  L  Y
V  M  S  L  D  D  I  R  E  N  W  B  K  M
U  P  P  T  Ä  C  K  T  O  K  Ä  N  D  D
F  R  R  U  Ä  P  D  P  G  K  R  N  J  A
T  O  Å  R  O  M  W  G  S  R  V  W  U  G
O  R  K  E  Z  U  N  P  P  G  I  J  R  V
F  G  D  R  V  O  D  I  Ä  O  L  T  H  G
A  V  L  Ä  G  S  E  N  N  V  D  E  A  W
R  M  O  D  S  J  P  N  N  G  B  R  R  I
L  U  T  M  A  T  T  N  I  N  G  R  E  L
I  T  D  O  S  J  A  C  N  Z  V  Ä  S  C
G  T  U  I  Y  O  V  W  G  H  C  N  A  F
A  K  T  I  V  I  T  E  T  R  M  G  C  P
```

AKTIVITET   UTMATTNING
DJUR   OKÄND
MOD   SPRÅK
KULTURER   AVLÄGSEN
RISKER   NY
UPPTÄCKT   FARLIG
BESTÄMNING   VILD
RYMD   TERRÄNG
SPÄNNING   RESA

4 - Formes

```
P  C  V  T  A  K  A  K  H  S  N  D  J  G
V  Y  S  C  R  U  G  A  Y  I  H  Ö  R  N
J  E  R  T  O  R  G  N  P  D  G  R  X  T
W  K  X  A  P  V  X  T  E  A  K  D  G  R
Y  N  E  M  M  A  B  E  R  N  L  O  N  I
N  Y  R  O  X  I  D  R  B  K  U  B  U  A
O  D  E  C  J  D  L  E  O  S  Y  W  N
O  V  A  L  K  Y  B  V  L  N  R  O  J  G
G  X  E  W  H  T  L  L  Z  F  P  E  C  E
E  L  L  I  P  S  A  I  Y  Y  Y  U  I  L
B  Å  G  E  L  P  U  N  N  D  L  W  R  R
P  R  I  S  M  A  C  J  G  D  K  O  K  P
S  F  Ä  R  M  X  U  E  W  E  E  N  E  D
P  O  L  Y  G  O  N  I  E  S  L  R  L  Y
```

BÅGE	ELLIPS
KANTER	HYPERBEL
TORG	LINJE
CIRKEL	OVAL
HÖRN	POLYGON
KURVA	PRISMA
KON	PYRAMID
SIDA	REKTANGEL
KUB	SFÄR
CYLINDER	TRIANGEL

5 - Salle de Bains

```
J  T  I  H  B  S  C  H  A  M  P  O  R  J
V  O  D  K  K  J  H  A  N  D  D  U  K  U
B  A  D  C  A  U  D  B  T  E  S  N  H  P
P  L  T  Z  A  N  O  E  A  V  B  T  M  L
U  E  W  T  L  K  Z  C  N  X  J  S  P  P
H  T  I  Y  E  A  S  X  X  U  I  P  T  G
L  T  O  M  Y  N  S  V  A  M  P  E  O  T
J  R  G  D  X  W  O  V  R  A  A  G  L  D
P  Y  O  X  X  J  L  V  W  T  Å  E  O  U
X  A  U  I  E  P  I  S  P  T  N  L  T  S
D  W  R  X  W  A  B  O  A  A  G  I  I  C
V  F  N  F  T  V  Å  L  M  X  A  O  O  H
K  R  A  N  Y  B  U  B  B  L  O  R  N  H
H  N  J  T  X  M  Z  K  C  C  B  A  F  M
```

BAD	PARFYM
BUBBLOR	KRAN
SAX	TVÅL
DUSCH	HANDDUK
VATTEN	SCHAMPO
SVAMP	MATTA
SJUNKA	TOALETT
LOTION	ÅNGA
SPEGEL	

6 - Adjectifs #1

```
A Y M K A Y I J D S P I V A
K O N S T N Ä R L I G M I M
T X I I T U U C Å E A O K B
I G W W R U N A N T B S T I
V K X F A B G G U S K I T
E I C O K G E M S N O Y G I
I D E N T I S K A N L L H Ö
P K X K I S A Y M G U D C S
E D O O V M Z E C O T I L Z
R Ä T B J U X C X C D G V C
F R I E N O R M U N G E R M
E L S A R O M A T I S K R M
K I K G E N E R Ö S S K Ö N
T G G K P Y F X F J V L G K
```

ABSOLUT	ÄRLIG
AKTIV	IDENTISK
AMBITIÖS	VIKTIG
AROMATISK	OSKYLDIG
KONSTNÄRLIG	UNG
ATTRAKTIV	LÅNGSAM
SKÖN	TUNG
EXOTISK	TUNN
ENORM	MODERN
GENERÖS	PERFEKT

7 - Instruments de Musique

```
T  R  U  M  M  A  F  K  H  A  R  P  A  T
M  R  F  I  O  L  J  L  B  G  I  Z  D  R
M  A  U  F  S  A  F  A  G  O  T  T  J  O
A  U  R  M  F  U  Y  R  E  N  Z  R  U  M
N  P  N  I  P  M  M  I  A  G  A  G  R  B
D  I  G  S  M  E  H  N  B  A  N  J  O  O
O  A  J  S  P  B  T  E  K  B  Y  S  B  N
L  N  M  R  U  E  A  T  G  G  F  L  O  X
I  O  R  Y  N  V  L  T  W  I  L  A  E  C
N  D  S  A  X  O  F  O  N  T  Ö  G  B  D
T  A  M  B  U  R  I  N  O  A  J  V  E  M
C  E  L  L  O  K  J  S  S  R  T  E  H  L
D  F  E  M  C  L  V  W  D  R  X  R  I  G
V  W  R  P  H  S  G  I  M  J  H  K  B  Y
```

BANJO	MARIMBA
FAGOTT	SLAGVERK
KLARINETT	PIANO
FLÖJT	SAXOFON
GONG	TRUMMA
GITARR	TAMBURIN
MUNSPEL	TROMBON
HARPA	TRUMPET
OBOE	FIOL
MANDOLIN	CELLO

8 - Échecs

```
P F I S V A R T K L M M V T
A L C A T L F E U L Ä O D Ä
S P E L A R E V N T S T R V
S P E L C B A A G B T S O L
I T U M U I G T O U A T T I
V L I J E K S O E R R Å T N
I D S D V W A T J G E N N G
T I R E G L E R A H I D I P
Y A B P K Y S D N P G A N Y
M G Y O W O Y V N X D R G Z
K O W Ä F T U J T W T E C S
C N L N M F Z Y G N Y C I P
Y A F G T U R N E R I N G B
H L D S U T M A N I N G A R
```

MOTSTÅNDARE   PASSIV
VIT   POÄNG
MÄSTARE   DROTTNING
TÄVLING   REGLER
UTMANINGAR   KUNG
DIAGONAL   OFFRA
SPEL   STRATEGI
SPELARE   TID
SVART   TURNERING

9 - Herboristerie

```
B K P E R S I L J A V T I X
L V V G M F E Y C R I R N K
O Ä Y A A B Ä B N J T Ä G U
M L S L L E N N J D L D R L
M G B A S I L I K A Ö G E I
A Ö G V A E T W X Å K Å D N
Y R R E F J R E J S L R I A
Z A Ö N F H O S T D K D E R
W N N D R S S T I M J A N I
U D D E A S M C H Y O V S S
C E I L N Z A A C N S K U K
D R A G O N R L K T D S H P
A R O M A T I S K A J N F K
M E J R A M N I Z B D L W O
```

VITLÖK
AROMATISK
BASILIKA
VÄLGÖRANDE
KULINARISK
DRAGON
FÄNKÅL
BLOMMA
INGREDIENS
TRÄDGÅRD

LAVENDEL
MEJRAM
MYNTA
PERSILJA
KVALITET
ROSMARIN
SAFFRAN
SMAK
TIMJAN
GRÖN

10 - Véhicules

```
H  F  L  O  T  T  E  T  D  C  I  H  M  S
F  E  C  K  K  A  E  C  A  H  M  U  O  K
A  Ä  L  A  S  T  B  I  L  X  B  S  T  O
P  U  R  I  Y  X  B  U  S  S  I  V  O  T
W  S  L  J  K  Z  Å  S  X  B  L  A  R  E
U  B  Å  T  A  O  T  K  W  E  R  G  D  R
C  Y  K  E  L  V  P  Y  E  N  A  N  Ä  T
P  M  A  N  I  M  F  T  E  D  K  M  C  R
C  I  U  X  G  H  O  T  E  K  E  C  K  A
N  V  S  K  U  C  G  E  W  R  T  J  U  K
C  Z  T  X  L  B  Z  L  C  T  V  J  J  T
F  N  D  F  L  Y  G  P  L  A  N  J  G  O
T  U  N  N  E  L  B  A  N  A  X  K  G  R
A  M  B  U  L  A  N  S  E  E  V  Z  X  V
```

AMBULANS	MOTOR
FLYGPLAN	SKYTTEL
BÅT	DÄCK
BUSS	FLOTTE
LASTBIL	SKOTER
HUSVAGN	UBÅT
FÄRJA	TAXI
RAKET	TRAKTOR
HELIKOPTER	CYKEL
TUNNELBANA	BIL

11 - Camping

```
S  J  Ö  H  J  I  C  K  R  X  I  M  E  H
T  Ä  L  T  R  N  W  W  G  E  T  Z  A  Ä
U  C  Z  T  O  S  T  D  O  S  A  G  C  N
G  N  B  M  N  E  S  W  J  V  R  A  X  G
A  L  M  G  M  K  K  M  G  U  M  W  N  M
L  Y  K  T  A  T  O  E  F  F  R  E  P  A
F  S  H  V  H  X  G  L  J  E  G  W  B  T
A  A  F  H  J  F  Y  D  T  W  U  W  N  T
V  E  M  B  A  J  U  M  J  A  K  T  A  A
L  Ä  V  E  N  T  Y  R  Å  O  N  O  T  U
E  U  T  R  U  S  T  N  I  N  G  N  U  O
L  O  V  G  K  A  N  O  T  T  E  Y  R  I
K  A  R  T  A  G  E  F  X  Z  C  N  L  D
K  O  M  P  A  S  S  U  N  Y  N  O  L  G
```

DJUR	ELD
ÄVENTYR	SKOG
KOMPASS	HÄNGMATTA
STUGA	INSEKT
KANOT	SJÖ
KARTA	LYKTA
HATT	MÅNE
JAKT	BERG
REP	NATUR
UTRUSTNING	TÄLT

12 - Écologie

```
V E G E T A T I O N B Y F A
U I L T S A M H Ä L L E N I
O Y V O X F K Ä R R G K H S
S X Ä N A T U R N N N N F G
E C X T X G M Å N G F A L D
A R T H Å L L B A R D F O T
Ö V E R L E V N A D S N R O
O Z R M I B D N V X I A A R
L I V S M I L J Ö M A T M K
Y X S S W E T J J F A U N A
N Y E V P D D E O B E R G S
K L I M A T A E O L D L I E
I U D H J D T N L B J I N N
K F R I V I L L I G A G R D
```

FRIVILLIGA	MARIN
KLIMAT	BERG
SAMHÄLLEN	NATUR
MÅNGFALD	NATURLIG
HÅLLBAR	VÄXTER
ART	MEDEL
FAUNA	TORKA
FLORA	ÖVERLEVNAD
LIVSMILJÖ	MÄNGD
KÄRR	VEGETATION

13 - Astronomie

```
S  C  N  E  B  U  L  O  S  A  D  O  K  S
O  T  P  L  A  N  E  T  R  S  A  B  O  U
L  E  R  D  I  Y  K  A  S  T  G  S  N  P
M  I  R  Å  K  D  U  S  F  R  J  E  S  E
I  E  S  X  L  L  K  T  L  O  Ä  R  T  R
Y  M  T  J  Y  N  H  R  J  N  M  V  E  N
H  I  Å  E  C  Y  I  O  Z  O  N  A  L  O
N  J  E  N  O  T  M  N  H  M  I  T  L  V
J  O  R  D  E  R  M  A  G  G  N  O  A  A
K  O  S  M  O  S  E  U  U  W  G  R  T  X
G  A  L  A  X  G  L  T  W  X  C  I  I  C
F  Ö  R  M  Ö  R  K  E  L  S  E  U  O  T
A  S  T  E  R  O  I  D  V  T  S  M  N  T
R  A  K  E  T  U  N  I  V  E  R  S  U  M
```

ASTEROID	MÅNE
ASTRONAUT	METEOR
ASTRONOM	NEBULOSA
HIMMEL	OBSERVATORIUM
KONSTELLATION	PLANET
KOSMOS	STRÅLNING
FÖRMÖRKELSE	SOL
DAGJÄMNING	SUPERNOVA
RAKET	JORD
GALAX	UNIVERSUM

14 - Types de Cheveux

```
V  M  T  O  R  R  V  Å  G  I  G  B  O  F
U  J  I  Z  L  B  I  U  B  R  U  N  I  Ä
P  U  Z  F  L  Ä  T  A  D  L  Å  N  G  R
S  K  I  N  A  N  D  E  T  J  O  C  K  G
L  O  C  K  A  R  B  H  E  F  A  O  L  A
N  I  S  U  K  P  S  V  A  R  T  D  K  D
I  N  B  Z  M  S  Z  E  K  I  M  W  B  O
V  S  U  U  W  R  S  Z  L  S  J  B  Z  M
Z  K  E  J  M  K  P  T  L  K  G  L  C  K
U  A  C  W  X  U  O  A  U  A  H  O  G  Z
K  L  O  C  K  I  G  T  T  N  Y  N  V  M
O  L  X  S  O  O  F  N  G  R  N  D  G  A
S  I  L  V  E  R  R  K  U  L  I  B  F  S
G  G  B  N  S  U  T  T  F  O  Y  V  M  A
```

SILVER	LOCKIGT
VIT	GRÅ
BLOND	LÅNG
LOCKAR	BRUN
SKINANDE	TUNN
SKALLIG	SVART
FÄRGAD	VÅGIG
KORT	FRISKA
MJUK	TORR
TJOCK	FLÄTAD

15 - Restaurant #1

```
U  W  W  S  V  Z  K  A  S  S  Ö  R  S  L
I  N  K  I  A  D  O  D  K  Z  E  X  E  H
T  N  N  S  X  V  A  P  Å  Z  I  Y  R  A
B  O  K  N  I  N  G  X  L  K  N  I  V  E
B  N  C  C  R  A  L  L  E  R  G  I  I  F
M  E  N  Y  F  K  D  K  N  D  R  K  T  T
P  S  Å  S  E  R  V  E  T  T  E  A  R  E
L  B  I  Y  H  Y  Z  Z  K  P  D  F  I  R
A  X  R  D  Y  D  A  M  Ö  R  I  F  S  R
T  Y  M  Ö  B  D  K  G  T  G  E  E  T  Ä
T  G  A  I  D  A  F  Ö  T  B  N  C  P  T
A  V  T  R  F  D  M  H  K  T  S  M  L  T
U  I  D  E  R  K  Y  C  L  R  E  G  W  A
D  C  K  Y  C  K  L  I  N  G  R  R  D  U
```

ALLERGI	MENY
PLATTA	MAT
SKÅL	BRÖD
KAFFE	KYCKLING
KASSÖR	BOKNING
KNIV	SÅS
KÖK	SERVITRIS
EFTERRÄTT	SERVETT
KRYDDAD	KÖTT
INGREDIENSER	

16 - Mammifères

```
T  L  P  W  X  T  C  O  L  E  V  N  F  R
I  P  F  M  W  K  R  B  M  E  A  A  Å  G
G  R  C  M  G  R  M  Ä  G  M  L  P  R  D
E  Ä  H  I  J  T  R  O  V  C  N  A  S  G
R  R  K  A  T  T  R  O  H  T  J  U  R  H
G  I  I  Z  K  Ä  N  G  U  R  U  H  T  E
O  E  L  E  F  A  N  T  N  L  R  A  X  O
R  V  B  B  Y  F  N  W  D  E  L  F  I  N
I  A  C  R  S  P  C  I  Y  B  B  G  O  J
L  R  M  A  D  R  C  A  N  J  U  K  F  R
L  G  I  R  A  F  F  C  D  Ö  B  C  O  V
A  V  O  X  G  G  O  O  E  R  T  I  E  E
Y  T  B  O  P  B  G  E  S  N  O  N  G  V
L  E  J  O  N  U  V  H  Ä  S  T  E  L  T
```

VAL	KANIN
KATT	LEJON
HÄST	VARG
HUND	FÅR
PRÄRIEVARG	BJÖRN
DELFIN	RÄV
ELEFANT	APA
GIRAFF	TJUR
GORILLA	TIGER
KÄNGURU	ZEBRA

17 - Sports

```
B  G  M  L  D  O  M  A  R  E  M  V  W  I
A  G  Y  U  R  L  E  I  I  I  Ä  I  D  Y
S  X  K  M  L  E  X  D  W  U  S  N  C  Y
K  T  E  N  N  I  S  R  I  U  T  N  W  T
E  S  A  W  Y  A  P  O  R  G  E  A  O  T
T  P  K  D  P  E  S  T  H  S  R  R  H  B
T  E  A  M  I  F  P  T  W  C  S  E  O  A
N  L  M  P  Z  O  G  A  I  Y  K  F  C  S
S  M  T  T  M  U  N  R  R  A  W  K  E
T  R  Ä  N  A  R  E  E  N  E  P  D  E  B
S  P  E  L  A  R  E  G  O  L  F  V  Y  O
G  Y  M  N  A  S  I  U  M  V  P  X  S  L
P  O  B  P  R  U  H  U  V  F  C  F  X  L
R  Ö  R  E  L  S  E  X  S  O  X  D  H  N
```

DOMARE	GYMNASIUM
IDROTTARE	GYMNASTIK
BASEBOLL	HOCKEY
BASKET	SPEL
MÄSTERSKAP	SPELARE
TRÄNARE	RÖRELSE
TEAM	STADION
VINNARE	TENNIS
GOLF	CYKEL

18 - Chocolat

```
H  I  C  G  F  B  H  G  O  D  I  S  U  H
W  K  A  K  A  O  I  M  X  R  E  R  S  V
K  O  R  B  V  F  D  T  W  U  D  E  O  N
V  K  O  Z  O  Y  L  H  T  B  Z  C  C  L
A  O  M  M  R  B  J  O  C  E  F  E  K  G
L  S  Ö  T  I  U  V  L  M  Y  R  P  E  L
I  Ä  E  F  T  S  M  A  K  N  D  T  R  X
T  I  C  X  I  N  G  R  E  D  I  E  N  S
E  E  V  K  O  L  A  P  U  L  V  E  R  B
T  C  E  U  E  T  V  S  S  V  F  H  O  B
D  K  A  L  O  R  I  E  R  I  E  M  D  T
V  S  O  X  G  Y  B  S  Y  X  J  S  P  O
P  H  O  W  K  R  Z  F  K  B  K  E  V  B
A  N  T  I  O  X  I  D  A  N  T  Y  S  N
```

BITTER	EXOTISK
ANTIOXIDANT	FAVORIT
AROM	SMAK
GODIS	INGREDIENS
KAKAO	KOKOS
KALORIER	PULVER
KOLA	KVALITET
LÄCKER	RECEPT
SÖT	SOCKER

19 - Mathématiques

```
T  D  X  Z  H  S  G  S  B  N  V  T  Y  L
B  I  V  O  L  Y  M  U  H  H  X  A  U  G
O  A  J  Z  O  M  U  M  Y  V  M  R  U  P
G  M  T  H  G  M  N  M  R  A  D  I  E  P
V  E  Y  F  S  E  F  A  G  B  E  T  X  A
I  T  O  R  H  T  S  F  Ä  R  C  M  P  R
N  E  O  M  K  R  E  T  S  F  I  E  O  A
K  R  T  P  E  I  G  K  X  C  M  T  N  L
E  D  O  C  O  T  U  A  V  H  A  I  E  L
L  Z  R  G  E  L  R  S  S  A  L  S  N  E
R  W  G  H  M  W  Y  I  J  E  T  K  T  L
Ä  F  P  M  L  L  D  G  J  K  Z  I  Y  L
T  R  I  A  N  G  E  L  O  R  T  W  O  C
R  E  K  T  A  N  G  E  L  N  T  H  Z  N
```

ARITMETISK	VINKELRÄT
TORG	POLYGON
OMKRETS	RADIE
DECIMAL	REKTANGEL
DIAMETER	SUMMA
EXPONENT	SFÄR
EKVATION	SYMMETRI
GEOMETRI	TRIANGEL
PARALLELL	VOLYM

20 - Mythologie

```
L  E  G  E  N  D  P  W  X  S  E  W  Y  B
K  A  T  A  S  T  R  O  F  B  L  I  X  T
S  R  Z  M  C  V  V  A  R  E  L  S  E  M
V  L  I  H  Y  H  J  Ä  L  T  E  K  V  M
A  L  C  G  M  O  N  S  T  E  R  U  W  D
R  E  D  S  A  H  C  W  L  E  O  L  F  V
T  F  M  K  T  R  H  Ä  M  N  D  T  R  L
S  M  W  A  H  Y  E  T  T  D  D  U  U  A
J  K  L  P  Z  A  R  W  R  E  U  R  P  B
U  X  J  A  Y  U  U  K  P  O  K  Å  K  Y
K  U  O  N  M  T  W  M  A  G  I  S  K  R
A  W  C  D  A  R  K  E  T  Y  P  K  Y  I
M  T  F  E  D  Ö  D  L  I  G  Y  A  U  N
N  D  N  K  O  D  Ö  D  L  I  G  H  E  T
```

ARKETYP	HJÄLTE
KATASTROF	ODÖDLIGHET
BETEENDE	SVARTSJUKA
SKAPANDE	LABYRINT
VARELSE	LEGEND
TRO	MAGISK
KULTUR	MONSTER
BLIXT	DÖDLIG
STYRKA	ÅSKA
KRIGARE	HÄMND

21 - Restaurant #2

```
D  I  S  N  M  S  G  K  P  W  I  U  C  M
L  A  T  U  I  O  R  R  H  L  U  N  C  H
G  D  O  D  D  P  Ö  Y  R  Ä  U  A  I  D
D  O  L  L  D  P  N  D  E  C  F  F  R  P
F  R  J  A  A  A  S  D  Y  K  Z  J  O  Ä
K  R  Y  R  G  R  A  O  G  E  S  D  G  G
A  X  U  C  R  T  K  R  G  R  U  W  L  G
K  W  E  K  K  B  E  G  V  A  T  T  E  N
A  I  F  P  T  Y  R  C  R  M  F  W  S  W
S  E  R  V  I  T  Ö  R  T  E  I  F  K  S
W  C  E  X  H  H  E  S  Z  X  S  T  E  A
F  P  Z  P  S  I  E  G  Z  K  K  E  T  L
S  K  E  D  S  A  H  M  I  R  W  S  M  T
L  G  T  S  J  O  H  B  S  A  L  L  A  D
```

DRYCK	KAKA
STOL	IS
SKED	GRÖNSAKER
LUNCH	NUDLAR
LÄCKER	ÄGG
MIDDAG	FISK
VATTEN	SALLAD
KRYDDOR	SALT
GAFFEL	SERVITÖR
FRUKT	SOPPA

22 - Couleurs

```
I  H  D  E  A  O  I  S  Z  A  V  D  K  V
D  N  Y  X  U  F  S  L  C  C  I  N  D  E
N  N  D  L  S  V  A  R  T  Z  T  E  W  K
N  S  V  I  M  U  G  R  O  S  A  Y  W  H
M  N  Z  L  G  B  K  Ö  S  Z  M  E  E  O
D  C  Y  A  N  O  E  D  I  Z  A  G  U  U
A  P  E  L  S  I  N  I  U  C  G  R  T  W
W  L  G  E  P  Z  W  I  G  H  E  Å  A  E
B  R  U  N  S  E  P  I  A  E  N  T  G  Y
L  F  T  P  X  M  P  W  M  I  T  V  I  L
Å  U  I  D  J  P  K  G  B  R  A  Z  G  P
K  K  A  W  K  G  G  E  U  W  B  I  R  E
F  U  C  H  S  I  A  M  J  L  H  W  Ö  Z
O  A  B  H  E  T  B  T  X  F  O  L  N  I
```

BEIGE	BRUN
VIT	SVART
BLÅ	APELSIN
CYAN	ROSA
FUCHSIA	RÖD
GRÅ	SEPIA
INDIGO	GRÖN
GUL	LILA
MAGENTA	

23 - Avions

```
H  Ö  J  D  T  G  Y  B  C  R  O  H  T  R
P  H  Y  P  K  M  X  L  U  F  T  Ä  K  I
O  A  H  W  S  O  M  Å  Ä  A  I  R  O  K
D  Y  S  V  Ä  T  E  S  V  T  M  K  N  T
M  V  O  S  I  O  V  A  E  M  B  O  S  N
M  B  M  S  A  R  P  U  N  O  A  M  T  I
P  I  L  O  T  G  F  P  T  S  L  S  R  N
W  G  M  R  Z  M  E  P  Y  F  L  T  U  G
B  R  Ä  N  S  L  E  R  R  Ä  O  Z  K  L
L  H  I  S  T  O  R  I  A  R  N  S  T  W
P  R  O  P  E  L  L  E  R  R  G  P  I  R
A  X  G  N  W  N  H  I  M  M  E  L  O  R
F  S  L  O  E  I  L  A  N  D  N  I  N  G
T  C  B  E  S  Ä  T  T  N  I  N  G  R  G
```

LUFT	BESÄTTNING
ATMOSFÄR	BLÅSA UPP
LANDNING	HÖJD
ÄVENTYR	PROPELLER
BALLONG	HISTORIA
BRÄNSLE	VÄTE
HIMMEL	MOTOR
KONSTRUKTION	PASSAGERARE
HÄRKOMST	PILOT
RIKTNING	

24 - Aventure

```
D  E  S  T  I  N  A  T  I  O  N  G  P  F
U  Z  Ä  A  K  T  I  V  I  T  E  T  M  A
N  M  K  N  A  T  U  R  E  S  V  Ä  G  R
Y  E  E  A  U  T  S  K  T  V  E  S  O  L
K  M  R  V  T  G  M  Y  Y  Å  N  K  V  I
A  Ö  H  I  F  R  O  K  R  R  T  Ö  A  G
T  J  E  G  L  Ä  D  J  E  I  U  N  N  K
U  L  T  E  Y  C  U  O  S  G  S  H  L  I
W  I  I  R  K  X  R  S  O  H  I  E  I  L
P  G  I  I  T  O  T  M  R  E  A  T  G  P
C  H  A  N  S  Z  A  B  S  T  S  X  F  O
F  E  H  G  R  X  A  F  W  A  M  J  B  W
V  T  Ö  V  E  R  R  A  S  K  A  N  D  E
F  Ö  R  B  E  R  E  D  E  L  S  E  D  K
```

AKTIVITET	RESVÄG
SKÖNHET	GLÄDJE
MOD	NATUR
CHANS	NAVIGERING
FARLIG	NY
DESTINATION	MÖJLIGHET
SVÅRIGHET	FÖRBEREDELSE
ENTUSIASM	SÄKERHET
UTFLYKT	ÖVERRASKANDE
OVANLIG	RESOR

25 - Ville

```
T  F  B  M  A  R  K  N  A  D  X  B  B  S
D  H  O  A  P  O  T  E  K  V  L  I  A  T
X  T  F  T  N  S  A  L  O  N  G  O  G  A
B  K  Y  A  G  K  H  O  T  E  L  L  E  D
I  S  H  F  B  A  J  U  E  C  D  B  R  I
L  C  R  F  M  B  L  X  A  O  V  A  I  O
S  K  P  Ä  V  B  G  L  T  T  L  L  K  N
L  K  M  R  C  E  V  R  E  L  I  H  L  G
F  Z  O  O  S  S  C  P  R  R  D  M  I  Z
B  I  B  L  I  O  T  E  K  V  I  U  N  C
R  E  S  T  A  U  R  A  N  G  K  S  I  H
B  O  K  H  A  N  D  E  L  R  U  E  K  T
F  L  Y  G  P  L  A  T  S  Y  F  U  L  J
U  N  I  V  E  R  S  I  T  E  T  M  J  R
```

FLYGPLATS	MARKNAD
BANK	MUSEUM
BIBLIOTEK	APOTEK
BAGERI	RESTAURANG
BIO	SALONG
KLINIK	STADION
SKOLA	MATAFFÄR
GALLERI	TEATER
HOTELL	UNIVERSITET
BOKHANDEL	ZOO

26 - Cuisine

```
U  U  S  Z  K  N  I  V  A  R  V  H  S  K
S  D  K  M  K  Y  L  S  K  Å  P  I  K  O
V  Y  Å  A  U  M  K  S  S  L  E  V  E  P
A  A  L  T  N  U  M  R  R  D  X  B  D  P
M  Y  T  S  I  N  G  T  Y  T  G  U  A  A
P  T  O  T  G  A  A  E  G  D  W  R  R  R
J  C  V  S  E  R  V  E  T  T  D  K  J  P
O  L  D  L  C  N  F  R  Y  S  I  O  J  V
T  J  L  F  Ö  R  K  L  Ä  D  E  U  R  F
T  B  L  C  Z  D  U  O  B  G  U  N  E  K
G  R  I  L  L  H  Y  R  K  X  S  M  C  L
U  G  N  Ä  T  P  I  N  N  A  R  S  E  T
G  A  F  F  L  A  R  O  E  P  R  Y  P  X
C  N  Y  M  P  I  F  G  I  B  P  E  T  R
```

ÄTPINNAR	GAFFLAR
SKÅL	GRILL
VATTENKOKARE	SLEV
FRYS	MAT
KNIVAR	BURK
KANNA	RECEPT
SKEDAR	KYLSKÅP
KRYDDOR	SERVETT
SVAMP	FÖRKLÄDE
UGN	KOPPAR

27 - Gentillesse

```
R H Ä M P Å L I T L I G M K
A E I R I P A T I E N T O Ä
F H S U L L C G M F G N T R
X J O P H I D Z T Ö E J T L
E Ä M P E H G C T R N W A E
Y L E M L K V O R S E T G K
J P D Ä Z I T U X T R G L S
V S L R L E T F D Å Ö C I F
Ä A I K C K E X U E S Z G U
N M D S H L Y C K L I G Ä L
L T S A G V O U E S L Y K L
I O A M X N R Z E E M E T L
G H M T O L E R A N T D A R
I S G Ä S T F R I W N X J W
```

KÄRLEKSFULL
VÄNLIG
UPPMÄRKSAM
ÄKTA
MEDLIDSAM
FÖRSTÅELSE
MILD
PÅLITLIG
GENERÖS

LYCKLIG
ÄRLIG
GÄSTFRI
PATIENT
RESPEKTFULL
MOTTAGLIG
TOLERANT
HJÄLPSAM

28 - Corps Humain

```
L  Ä  P  P  A  R  O  I  Z  Y  H  A  K  A
M  B  O  M  M  L  F  K  N  Ä  J  A  G  L
A  D  P  F  O  T  L  E  D  F  Ä  X  N  G
G  M  Y  X  I  X  J  N  D  E  R  E  Ä  D
E  T  W  G  J  N  H  Z  U  T  N  L  S  A
Z  A  R  M  B  Å  G  E  T  Ö  A  I  A  N
W  O  L  U  I  B  L  E  U  R  V  C  H  S
A  P  X  N  B  L  O  D  R  A  H  I  T  I
Z  H  T  O  H  W  G  F  J  H  A  L  S  K
U  U  J  K  U  B  N  S  O  J  O  P  J  T
G  V  V  Ä  D  L  F  F  O  I  E  Z  V  E
C  U  J  K  R  T  L  D  C  P  X  Y  A  I
I  D  J  E  P  T  K  X  G  P  K  A  R  R
I  C  Z  L  U  D  A  R  I  Z  S  K  E  P
```

MUN	LÄPPAR
HJÄRNA	HAND
FOTLED	KÄKE
HALS	HAKA
ARMBÅGE	NÄSA
HJÄRTA	ÖRA
FINGER	HUD
MAGE	BLOD
AXEL	HUVUD
KNÄ	ANSIKTE

29 - Épices

```
K  A  R  D  E  M  U  M  M  A  A  M  L  L
D  O  A  J  E  O  N  N  I  S  T  U  A  Ö
K  S  R  B  S  I  W  A  N  I  S  S  K  K
W  A  K  I  B  I  T  T  E  R  U  K  R  V
M  L  N  S  A  F  F  R  A  N  R  O  I  E
P  T  V  E  D  N  T  G  K  K  X  T  T  W
E  A  Y  B  L  B  D  I  A  S  J  A  S  X
P  C  P  W  M  B  G  E  O  Y  E  Y  M  R
P  H  R  R  K  I  R  I  R  A  W  R  A  R
A  F  B  V  I  T  L  Ö  K  I  Y  G  K  R
R  R  F  Ä  N  K  Å  L  K  U  M  M  I  N
Y  W  L  A  G  V  A  N  I  L  J  Z  T  U
E  A  D  O  I  N  G  E  F  Ä  R  A  O  E
E  I  F  P  H  X  C  U  R  R  Y  D  E  W
```

SUR	INGEFÄRA
VITLÖK	MUSKOT
BITTER	LÖK
ANIS	PAPRIKA
KANEL	PEPPAR
KARDEMUMMA	LAKRITS
KORIANDER	SAFFRAN
KUMMIN	SMAK
CURRY	SALT
FÄNKÅL	VANILJ

30 - Science

```
A Y N K P M O L E K Y L E R
T I A E N A I M X S E L W U
O C T M P L X T P B V E M U
M A U I B H W W E F O S T P
H A R S Y G X R R B L K Y A
F M P K B C I C I A U O D R
O R G A N I S M M E T O D T
S A L L V A R K E O I B A I
S H Y P O T E S N N O C T K
I X R J H V X V T N N G A L
L L A B O R A T O R I U M A
D E K K L I M A T F T G N R
M I N E R A L E R X Z O V G
Y F S F Y S I K F A K T U M
```

ATOM
KEMISK
KLIMAT
DATA
EXPERIMENT
EVOLUTION
FAKTUM
FOSSIL
ALLVAR

HYPOTES
LABORATORIUM
METOD
MINERALER
MOLEKYLER
NATUR
ORGANISM
PARTIKLAR
FYSIK

31 - Chats

```
V  K  Y  L  K  F  V  W  F  O  R  E  C  N
I  E  C  R  O  L  I  G  A  L  E  N  B  G
L  I  T  E  N  P  O  U  B  N  B  J  M  B
D  V  W  P  Y  J  Ä  G  A  R  E  G  U  T
M  O  L  T  F  O  E  L  T  A  S  S  S  O
E  B  N  B  I  H  Y  M  S  Z  S  M  Ö  E
B  E  G  P  K  G  S  V  A  N  S  E  M  T
W  R  L  A  E  H  L  B  P  G  A  R  N  J
B  O  C  J  N  X  M  I  P  G  A  B  S  W
P  E  R  S  O  N  L  I  G  H  E  T  B  X
W  N  Y  Z  G  G  I  R  H  R  S  W  L  A
Y  D  E  L  R  J  J  I  H  K  W  U  Y  L
D  E  T  M  V  X  C  G  O  R  P  I  G  K
L  E  K  F  U  L  L  B  F  K  D  C  U  C
```

JÄGARE	OBEROENDE
NYFIKEN	TASS
SÖMN	PERSONLIGHET
ROLIG	LITEN
LEKFULL	SVANS
GARN	SNABB
GALEN	VILD
PÄLS	MUS
KLO	BLYG

32 - Vêtements

```
H  A  L  S  D  U  K  J  O  L  D  X  S  K
Z  B  M  E  K  F  J  J  O  Z  S  I  S  L
P  O  W  P  Y  J  A  M  A  S  Y  L  V  Ä
T  A  E  Ä  M  T  O  B  Y  X  O  R  J  N
P  R  D  L  F  D  H  R  A  M  O  D  E  N
D  K  Ö  S  F  G  W  S  T  H  I  X  A  I
B  O  D  J  B  L  U  S  V  A  F  T  N  N
H  M  H  A  A  X  J  B  Ä  L  T  E  S  G
F  Ö  R  K  L  Ä  D  E  J  S  S  K  O  X
A  R  M  B  A  N  D  M  A  B  H  C  H  D
F  M  X  P  J  S  K  C  C  A  B  A  C  X
Z  B  S  O  F  T  E  Y  K  N  F  U  T  F
S  A  N  D  A  L  E  R  A  D  V  S  K  T
H  A  N  D  S  K  A  R  A  F  B  J  I  E
```

ARMBAND	KJOL
BÄLTE	PÄLS
HATT	MODE
SKO	BYXOR
SKJORTA	TRÖJA
BLUS	PYJAMAS
HALSBAND	KLÄNNING
HALSDUK	SANDALER
HANDSKAR	FÖRKLÄDE
JEANS	JACKA

33 - Arts Visuels

```
K E R A M I K D T V N V V P
S R K K F O T O G R A F I E
L T E O B J H H J U N E L R
A D E A N D B F B L N Y A S
R F M N T S T A F F L I C P
K F Ä J C I T R Ä K O L K E
I S S M K I V N W W K F L K
T K T Å I Z L I Ä D Z U D T
E U E L L P O R T R Ä T T I
K L R N K E P Y P E G X U V
T P V I R N F Z T C T V A X
U T E N I N I D Z W C P H X
R U R G T A L E R A B M J D
R R K A A L M B L X U S X U
```

ARKITEKTUR
LERA
KONSTNÄR
KERAMIK
TRÄKOL
MÄSTERVERK
STAFFLI
VAX
KRITA
PENNA

KREATIVITET
FILM
MÅLNING
PERSPEKTIV
FOTOGRAFI
STENCIL
PORTRÄTT
SKULPTUR
LACK

34 - Méditation

```
K  W  V  M  M  J  R  A  C  Z  N  Y  R  K
S  P  Ä  U  E  Y  G  Ö  N  G  J  R  X  L
P  D  N  S  D  D  J  G  R  D  E  L  S  A
E  O  L  I  K  R  U  I  L  E  A  U  R  R
R  B  I  K  Ä  N  S  L  O  R  L  S  H  H
S  S  G  W  N  J  C  R  K  U  K  S  U  E
P  E  H  D  S  F  R  E  D  K  J  B  E  T
E  R  E  W  L  H  Å  L  L  N  I  N  G  E
K  V  T  A  A  V  A  N  O  R  Z  S  L  M
T  A  C  K  S  A  M  H  E  T  L  U  G  N
I  T  P  S  Y  K  I  S  K  J  I  R  Y  F
V  I  A  G  N  E  T  Y  S  T  N  A  D  C
G  O  D  K  Ä  N  N  A  N  D  E  G  U  B
K  N  A  T  U  R  A  T  N  I  V  Z  L  L
```

GODKÄNNANDE	RÖRELSE
LUGN	MUSIK
KLARHET	NATUR
MEDKÄNSLA	OBSERVATION
KÄNSLOR	FRED
VAKEN	PERSPEKTIV
VÄNLIGHET	HÅLLNING
TACKSAMHET	ANDAS
VANOR	TYSTNAD
PSYKISK	

35 - Littérature

```
T  J  M  E  T  A  F  O  R  I  M  D  P  B
R  E  Ä  R  W  A  N  A  L  O  G  I  J  E
P  F  M  M  Y  U  S  L  U  T  S  A  T  S
O  Ö  N  A  F  Y  N  T  R  X  S  L  X  K
E  R  X  W  V  Ö  C  U  J  O  F  O  J  R
T  F  B  I  O  G  R  A  F  I  M  G  J  I
I  A  Å  S  I  K  T  E  H  L  E  A  A  V
S  T  S  R  Y  T  M  C  L  S  Y  N  N  N
K  T  T  R  A  G  E  D  I  S  K  E  A  I
L  A  T  W  F  A  C  B  S  T  E  K  L  N
C  R  I  F  H  R  N  E  S  I  S  D  Y  G
B  E  R  Ä  T  T  A  R  E  L  C  O  S  S
I  Z  M  Y  Y  F  J  Z  M  D  P  T  D  U
D  I  K  T  W  M  R  O  F  C  U  J  H  L
```

ANALOGI	BERÄTTARE
ANALYS	ÅSIKT
ANEKDOT	DIKT
FÖRFATTARE	POETISK
BIOGRAFI	RIM
JÄMFÖRELSE	ROMAN
SLUTSATS	RYTM
BESKRIVNING	STIL
DIALOG	TEMA
METAFOR	TRAGEDI

36 - Nourriture #1

```
K M F R L R I N R S V B J J
Ö A O M Z Z X P S O I A O U
T M F R I R R R P C T S R I
T B S F O I B U E K L I D C
F M N L E T B H N E Ö L G E
W E V B J B S O A R K I U X
C W Y L Z T A A T E D K B K
R O V A G U L T L A B A B M
S O P P A R L O X T P M K J
K M U L Ö K A N E L Ä X N Ö
K R B W M J D F J V R F F L
N S V R U Z C I T R O N V K
F F T E Z X L S U D N N X F
L K O R N N W K A X Y R W W
```

VITLÖK	ROVA
BASILIKA	LÖK
KAFFE	KORN
KANEL	PÄRON
MOROT	SALLAD
CITRON	SALT
SPENAT	SOPPA
JORDGUBB	SOCKER
JUICE	TONFISK
MJÖLK	KÖTT

37 - Jours et Mois

```
G  P  T  J  R  J  T  N  W  F  W  J  M  A
M  X  N  U  D  Z  A  O  Y  S  U  U  A  P
V  S  Ö  N  D  A  G  N  R  M  M  L  R  R
M  E  O  I  O  A  U  G  U  S  T  I  S  I
Å  P  C  M  Å  N  A  D  V  A  D  K  I  L
N  T  R  K  P  L  U  R  Z  F  R  A  R  F
D  E  J  A  A  Ö  N  W  X  E  Z  I  G  R
A  M  F  L  V  R  O  L  O  B  B  O  F  E
G  B  D  E  F  D  X  U  K  R  H  J  O  D
M  E  L  N  L  A  I  K  T  U  A  M  N  A
Z  R  P  D  V  G  F  I  O  A  S  H  S  G
N  O  V  E  M  B  E  R  B  R  L  H  D  D
R  N  B  R  W  C  N  A  E  I  F  F  A  W
T  I  S  D  A  G  V  L  R  R  M  F  G  U
```

AUGUSTI	TISDAG
APRIL	MARS
KALENDER	ONSDAG
SÖNDAG	MÅNAD
FEBRUARI	NOVEMBER
JANUARI	OKTOBER
TORSDAG	LÖRDAG
JULI	VECKA
JUNI	SEPTEMBER
MÅNDAG	FREDAG

38 - Championnat

```
F  S  L  M  Ä  S  T  E  R  S  K  A  P  Z
I  T  V  H  H  P  R  E  S  T  A  N  D  A
N  R  U  E  M  O  T  I  V  E  R  I  N  G
A  A  T  S  T  R  P  T  B  S  E  G  E  R
L  T  H  Z  P  T  U  R  N  E  R  I  N  G
I  E  Å  B  W  E  K  Ä  B  E  D  L  O  X
S  G  L  E  B  J  L  N  C  Y  H  Ö  C  E
T  I  L  O  A  I  I  A  Z  K  E  I  M  I
F  E  I  Y  T  H  G  R  K  M  O  M  E  A
P  L  G  D  W  H  A  E  L  R  B  G  D  D
P  F  H  M  Ä  S  T  A  R  E  W  U  A  J
T  G  E  V  R  N  N  Y  H  X  Y  T  L  A
J  B  T  P  V  G  Z  W  S  X  J  E  J  C
N  L  E  F  B  O  T  E  A  M  H  F  G  V
```

MÄSTARE
MÄSTERSKAP
UTHÅLLIGHET
TRÄNARE
TEAM
FINALIST
SPEL
BEDÖMA
LIGA

MEDALJ
MOTIVERING
PRESTANDA
SPORT
STRATEGI
TURNERING
SVETT
SEGER

39 - Pirates

```
S  K  A  P  T  E  N  S  V  Ä  R  D  L  B
K  T  F  S  L  I  A  A  X  X  N  J  I  E
A  G  R  O  T  T  A  M  G  F  J  M  P  S
T  X  P  A  Ä  E  B  M  K  S  B  G  U  Ä
T  H  A  V  N  R  Z  A  K  X  O  O  J  T
W  O  P  U  W  D  R  S  A  R  O  M  Y  T
S  L  E  G  E  N  D  D  R  G  G  E  K  N
L  K  G  U  B  N  Y  Å  T  P  J  G  J  I
B  S  O  L  P  S  W  L  A  Z  J  E  K  N
M  U  J  D  W  F  Z  I  N  N  P  L  O  G
J  Y  A  B  G  M  O  G  K  F  C  T  W  Z
L  B  N  F  L  A  G  G  A  A  G  A  B  I
N  A  K  T  N  G  C  W  R  R  L  V  P  N
Ä  V  E  N  T  Y  R  F  E  A  E  R  Ö  B
```

ANKARE	LEGEND
ÄVENTYR	DÅLIG
KAPTEN	HAV
KARTA	GULD
ÄRR	PAPEGOJA
FARA	MYNT
FLAGGA	STRAND
SVÄRD	ROM
BESÄTTNING	SKATT
GROTTA	

40 - Activités

```
S F I S K E D H R S W W F A
H A N T V E R K J P S U O V
A K T I V I T E T E A L T K
K E R A M I K F L L K K O O
O B E N D H L Ä S N I N G P
N D S H T J D R Ö M C Y R P
S D S T I P M D M U A N A L
T Z E M Å L N I N G M M F I
V A N D R I N G A L P A I N
E X Ö R D Z C H D U I G G G
R V J E G A I E J L N I R K
J L E F O V N T N A G X A E
D G Y F E H V S M B K G X X
Y S E J K F D P F R I T I D
```

AKTIVITET
KONST
HANTVERK
CAMPING
KERAMIK
JAKT
FÄRDIGHET
SÖMNAD
DANS
INTRESSEN

SPEL
LÄSNING
FRITID
MAGI
MÅLNING
FISKE
FOTOGRAFI
NÖJE
VANDRING
AVKOPPLING

41 - Fleurs

```
B R D Y M F K O U E I M H P
S U F G L I L A S J Y A S D
T C K X B A Ö K H B P S M W
U W P E S L V N D F N K C O
L V V H T R E E J P Y R K R
P A M L Z T R G N P I O N K
A L I L J A H X P D O S U I
N L U E U O R G S C E H U D
E M O M A G N O L I A L Z É
B O V T E P Å S K L I L J A
U V R B K R G A R D E N I A
K D D O A V I K N X R T W O
U I J U Y X J A S M I N S E
H I B I S K U S O L R O S W
```

BUKETT	ORKIDÉ
GARDENIA	VALLMO
HIBISKUS	MASKROS
JASMIN	PION
PÅSKLILJA	PLUMERIA
LAVENDEL	SOLROS
LILA	KLÖVER
LILJA	TULPAN
MAGNOLIA	

42 - Nourriture #2

```
K  K  C  Y  I  P  S  U  R  T  K  C  K  Ä
Ö  G  Y  H  H  F  T  E  T  T  R  T  U  G
R  X  V  C  U  S  F  O  O  I  W  O  K  G
S  T  X  H  K  E  D  R  U  V  A  M  I  P
B  X  J  O  Y  L  K  R  N  U  E  A  W  L
Ä  N  O  K  R  L  I  K  L  E  V  T  I  A
R  B  E  L  F  E  I  N  X  L  K  C  E  N
B  G  D  A  N  R  B  R  G  M  M  B  U  T
R  K  M  D  Ä  I  I  I  W  G  A  E  M  A
Ö  L  S  R  G  I  B  S  K  I  N  K  A  G
D  B  M  W  G  J  E  W  V  F  G  Z  N  D
I  W  T  R  B  A  N  A  N  A  O  U  D  S
P  F  I  S  K  N  B  J  K  I  M  S  E  J
B  R  O  C  C  O  L  I  I  Ä  P  P  L  E
```

MANDEL	KIWI
ÄGGPLANTA	MANGO
BANAN	ÄGG
VETE	BRÖD
BROCCOLI	FISK
KÖRSBÄR	ÄPPLE
SELLERI	KYCKLING
SVAMP	DRUVA
CHOKLAD	RIS
SKINKA	TOMAT

43 - Océan

```
S  B  V  G  K  O  R  A  L  L  J  V  M  Y
T  K  R  A  B  B  A  F  B  M  M  D  S  G
B  W  Ö  J  L  S  S  I  Å  L  A  O  B  W
S  C  O  L  X  D  D  S  T  C  N  R  L  Y
P  N  F  S  D  B  O  K  S  U  E  Ä  Ä  P
T  H  C  V  T  P  J  H  A  J  T  K  C  U
O  T  B  Å  Z  R  A  X  L  O  I  A  K  V
N  P  B  G  U  N  O  D  T  P  X  Y  F  L
F  S  T  O  R  M  M  N  D  E  L  F  I  N
I  A  F  R  V  I  Y  R  M  A  Z  D  S  R
S  S  O  J  K  V  B  W  O  H  T  K  K  J
K  R  B  P  V  S  R  K  W  K  O  U  T  D
P  Y  T  F  Y  L  E  G  A  P  M  S  G  S
F  T  Å  N  G  L  V  S  V  A  M  P  L  N
```

TÅNG	MANET
ÅL	FISK
VAL	BLÄCKFISK
BÅT	HAJ
KORALL	REV
KRABBA	SALT
RÄKA	STORM
DELFIN	TONFISK
SVAMP	SKÖLDPADDA
OSTRON	VÅGOR

44 - Remplir

```
R  G  L  N  A  M  S  P  A  P  W  W  J  B
Ö  E  Y  Y  D  S  H  F  L  A  S  K  A  V
R  M  S  G  N  V  L  A  J  K  J  H  E  B
F  J  S  V  V  H  T  T  E  I  L  G  P
U  K  J  A  Ä  T  I  L  C  T  B  U  R  K
V  K  Y  S  S  S  S  N  I  L  R  C  P  Z
D  Y  B  E  K  A  K  F  K  C  I  U  P  F
F  I  C  K  A  N  C  A  N  F  C  F  J  E
I  A  E  L  I  S  P  B  Z  R  K  L  X  Y
K  O  R  G  K  K  N  N  L  S  A  M  L  V
G  R  G  T  K  A  R  T  O  N  G  A  Å  J
D  E  N  H  Y  K  U  V  E  R  T  P  D  C
W  U  R  C  U  G  Y  D  A  L  O  P  A  W
S  A  M  D  Z  G  Y  C  D  A  X  J  K  R
```

FAT	FICKA
FLASKA	BURK
KARTONG	VÄSKA
MAPP	HINK
KUVERT	LÅDA
FARTYG	RÖR
KORG	RESVÄSKA
PAKET	VAS
BRICKA	

45 - Ballet

```
O P U B L I K N L F R D X U
R I A M D S M U S K L E R T
K A P P L Å D E R M Ö H T T
E G R A C I Ö S K U I V L R
S E E F O K K D O S N L A Y
T N P S P O O A N I T E B C
E S E Z T R M N S K E I A K
R Y T M S E P S T T N F L S
X H I T O O O A N E S N L F
J O T R C G S R Ä K I V E U
N O I G Y R I E R N T I R L
P H O X H A T S L I E E I L
I P N J W F Ö R I K T T N L
J J O J A I R X G L P A A C
```

APPLÅDER
KONSTNÄRLIG
BALLERINA
KOREOGRAFI
KOMPOSITÖR
DANSARE
UTTRYCKSFULL
GEST
GRACIÖS
INTENSITET

MUSKLER
MUSIK
ORKESTER
ÖVA
PUBLIK
REPETITION
RYTM
STIL
TEKNIK

46 - Fruit

```
B O W A Y Z X J F M U U K H
Ä A I F I K O N P A P A Y A
R L N U B I Z O Ä M C A I L
J M L A D W R C R A E R I L
W Y Z Z N I I K O V M L M O
N E K T A R I N N O A Ä O N
C I T R O N D N V K N P A N
P E R S I K A K I A G P P G
D W Y K Z H N P C D O L E U
R R S I E T A F R O A E L A
U I K B P P N R F I C H S V
V P Y Y I W A F D I K S I A
A S V Y V U S E B K E O N O
X A O K Ö R S B Ä R U M S Z
```

APRIKOS	KIWI
ANANAS	MANGO
AVOKADO	MELON
BÄR	NEKTARIN
BANAN	APELSIN
KÖRSBÄR	PAPAYA
CITRON	PERSIKA
FIKON	PÄRON
HALLON	ÄPPLE
GUAVA	DRUVA

47 - Surf

```
U  M  P  H  H  R  O  J  S  T  Y  R  K  A
R  F  G  A  A  U  E  X  T  R  E  M  I  M
K  O  K  V  D  B  A  I  R  O  I  A  M  Ä
V  L  N  B  J  D  E  J  A  L  V  G  G  S
S  K  U  M  C  R  L  G  N  I  F  Å  E  T
T  M  O  N  N  G  B  A  D  G  I  X  G  A
I  A  P  R  Z  Y  P  O  U  T  D  K  U  R
L  S  V  R  V  S  B  D  M  P  R  N  U  E
A  S  I  D  M  B  N  Ö  M  E  O  Z  S  V
P  O  P  U  L  Ä  R  Z  R  M  T  B  M  M
M  R  V  Ä  D  E  R  O  E  J  T  S  M  P
U  S  X  B  N  S  Z  C  V  L  A  Y  A  I
M  X  W  N  C  V  S  L  K  L  R  R  G  I
H  A  S  T  I  G  H  E  T  U  E  E  E  X
```

ROLIGT	SKUM
IDROTTARE	HAV
MÄSTARE	PADDLA
NYBÖRJARE	STRAND
MAGE	POPULÄR
EXTREM	REV
STYRKA	STIL
FOLKMASSOR	VÅG
VÄDER	HASTIGHET

48 - Technologie

```
P  B  U  V  I  S  A  D  W  B  A  D  E  P
K  I  U  D  X  K  I  A  A  Y  P  A  Z  R
D  H  P  N  L  Ä  K  K  V  T  L  T  S  O
T  I  I  C  B  R  M  W  I  E  O  A  Ä  G
Y  N  G  A  I  M  E  I  R  V  X  R  K  R
U  P  S  I  S  D  D  K  T  I  X  Y  E  A
F  V  M  N  T  M  D  A  U  R  N  K  R  M
H  I  Y  T  A  A  E  M  E  U  M  O  H  V
W  I  L  E  T  R  L  E  L  S  B  P  E  A
T  I  T  R  I  K  A  R  L  I  L  F  T  R
B  B  M  N  S  Ö  N  A  B  L  O  G  G  A
E  V  O  E  T  R  D  U  N  J  M  V  A  P
W  R  H  T  I  R  E  J  B  S  S  E  W  Y
F  O  R  S  K  N  I  N  G  A  O  B  L  K
```

VISA	MEDDELANDE
BLOGG	DIGITAL
KAMERA	BYTE
MARKÖR	DATOR
DATA	FORSKNING
SKÄRM	SÄKERHET
FIL	STATISTIK
INTERNET	VIRTUELL
PROGRAMVARA	VIRUS

49 - Météo

```
A  X  H  J  Å  W  T  L  V  I  N  D  R  W
V  T  U  B  S  A  Z  U  M  S  C  S  E  P
E  O  M  Y  K  X  B  G  P  O  O  I  G  O
T  R  A  O  A  N  V  N  E  S  L  T  N  L
W  K  O  T  S  T  O  R  M  E  N  N  B  Ä
U  A  E  E  R  F  B  M  H  D  B  U  Å  R
K  L  I  M  A  T  Ä  T  O  R  R  W  G  A
B  K  K  P  X  G  O  R  R  N  I  B  E  H
V  V  K  E  L  A  R  O  K  P  S  H  G  I
U  D  I  R  D  J  D  M  A  X  V  U  K  M
H  I  F  A  I  K  I  B  N  D  N  M  N  M
X  M  P  T  K  T  K  V  Z  G  D  N  Z  E
Y  M  T  U  E  Z  T  R  O  P  I  S  K  L
H  A  B  R  A  Y  P  A  T  R  X  X  A  N
```

REGNBÅGE	ORKAN
ATMOSFÄR	POLÄRA
BRIS	TORR
DIMMA	TORKA
LUGN	TEMPERATUR
HIMMEL	STORM
KLIMAT	ÅSKA
IS	TROMB
MONSUN	TROPISK
MOLN	VIND

50 - Châteaux

```
I  E  I  M  P  E  R  I  U  M  O  O  I  P
D  Y  N  A  S  T  I  W  Ä  D  E  L  X  U
L  U  V  H  C  I  U  S  H  K  R  O  N  A
V  E  N  S  Ö  N  P  R  I  N  S  A  D  N
R  R  G  Y  V  R  I  K  E  L  S  U  K  C
J  B  L  X  W  Ä  N  B  E  X  I  S  X  E
P  A  L  A  T  S  R  I  D  D  A  R  E  F
W  T  R  G  A  D  J  D  N  O  H  R  U  Ä
I  G  F  J  M  P  B  V  Ä  G  G  G  M  S
K  A  T  A  P  U  L  T  O  R  N  M  A  T
P  R  I  N  S  E  S  S  A  G  T  H  H  N
S  K  Ö  L  D  F  E  O  D  A  L  Ä  F  I
R  U  S  T  N  I  N  G  C  U  Y  S  M  N
M  T  U  H  D  C  A  A  N  N  Z  T  O  G
```

RUSTNING
SKÖLD
KATAPULT
HÄST
RIDDARE
KRONA
DRAKE
DYNASTI
IMPERIUM
SVÄRD

FEODAL
FÄSTNING
ENHÖRNING
VÄGG
ÄDEL
PALATS
PRINS
PRINSESSA
RIKE
TORN

51 - Randonnée

```
T  X  Z  W  S  O  L  W  B  U  K  S  W  D
R  N  G  M  T  C  L  V  T  B  S  B  B  Z
Ö  D  W  U  E  B  A  B  N  V  Ä  D  E  R
T  R  E  V  N  S  O  M  N  K  V  C  R  C
T  T  L  N  A  D  R  R  P  L  O  C  G  V
V  M  U  Z  R  V  I  L  D  I  U  G  U  A
K  G  W  N  G  Z  E  D  J  M  N  L  I  T
L  C  C  C  G  K  N  Z  U  A  Y  G  D  T
I  I  C  M  N  A  T  U  R  T  P  P  E  E
P  A  R  K  E  R  E  X  N  G  V  V  V  N
P  K  W  U  D  T  R  S  T  Ö  V  L  A  R
A  C  O  G  J  A  I  C  K  W  M  M  N  A
M  L  Z  I  Z  W  N  M  O  C  M  V  R  Y
P  Z  D  L  E  E  G  Z  G  T  A  G  R  U
```

DJUR	TUNG
STÖVLAR	VÄDER
CAMPING	BERG
KARTA	NATUR
KLIMAT	ORIENTERING
VATTEN	PARKER
KLIPPA	STENAR
TRÖTT	VILD
GUIDE	SOL

52 - Meubles

```
H F S W W K K B S P E G E L
H Y Y L I U N O K N H S E F
J Ä L G M D J K R R L V H V
T P N L S D D H I N A B P W
X G M G O E C Y V X M V N Y
E K A Z M R O L B V P L K F
H U D R S A E L O B A S Z U
J D R W D D T A R Ä M V I T
K D A M L I G T D N A H L O
N A S D S Ä N G A K T H Z N
O R S G O D E E B K T E X V
N Z C D F R B D R I A W F L
J O U B F Å T Ö L J E D H W
B Y R Å A N S D C B S T O L
```

BÄNK	FUTON
BOKHYLLA	HÄNGMATTA
SKRIVBORD	LAMPA
SOFFA	SÄNG
STOL	MADRASS
BYRÅ	SPEGEL
KUDDAR	KUDDE
HYLLOR	GARDINER
FÅTÖLJ	MATTA

53 - Art

```
X  P  L  W  P  S  G  W  D  K  T  S  U  Z
W  S  E  I  S  E  K  W  W  R  I  Y  T  S
Y  R  S  R  K  F  R  U  I  C  C  M  T  U
T  H  U  P  I  I  S  S  L  P  Y  B  R  R
R  U  K  O  L  G  K  J  O  P  U  O  Y  R
Ä  M  N  E  D  U  A  P  Y  N  T  L  C  E
R  Ö  S  S  R  R  P  J  V  Z  L  U  K  A
L  R  N  I  A  A  A  E  S  Y  G  I  R  L
I  J  L  A  K  O  M  P  L  E  X  D  G  I
G  O  M  I  N  S  P  I  R  E  R  A  D  S
O  R  I  G  I  N  A  L  K  R  G  R  S  M
M  Å  L  N  I  N  G  A  R  E  N  K  E  L
Z  W  G  E  N  J  V  I  S  U  E  L  L  M
V  V  I  F  V  V  E  M  S  E  O  H  O  L
```

KERAMIK	MÅLNINGAR
KOMPLEX	PERSONLIG
SKAPA	POESI
SKILDRA	SKULPTUR
UTTRYCK	ENKEL
FIGUR	ÄMNE
ÄRLIG	SURREALISM
HUMÖR	SYMBOL
INSPIRERAD	VISUELL
ORIGINAL	

54 - Nutrition

```
J  K  O  Z  X  O  B  V  I  K  T  J  T  Ä
K  Ä  O  N  A  W  I  H  Ä  L  S  A  O  T
R  P  S  S  P  A  T  G  F  T  Å  T  X  L
Y  R  M  N  T  B  T  U  Z  R  S  S  I  I
D  O  A  R  I  A  E  W  P  L  B  K  N  G
D  T  K  Y  T  N  R  J  Z  F  M  V  O  F
O  E  C  Y  R  G  G  K  T  E  F  F  W  R
R  I  I  M  O  K  A  L  O  R  I  E  R  I
J  N  K  V  A  L  I  T  E  T  H  H  L  S
L  E  B  A  L  A  N  S  E  R  A  D  M  K
S  R  K  O  L  H  Y  D  R  A  T  E  R  A
M  A  T  S  M  Ä  L  T  N  I  N  G  Y  G
V  I  T  A  M  I  N  L  K  L  A  M  T  A
I  X  I  K  O  O  D  I  B  F  B  B  X  Z
```

BITTER	VÄTSKOR
APTIT	VIKT
KALORIER	PROTEINER
ÄTLIG	KVALITET
KOST	FRISKA
MATSMÄLTNING	HÄLSA
KRYDDOR	SÅS
BALANSERAD	SMAK
JÄSNING	TOXIN
KOLHYDRATER	VITAMIN

55 - Science Fiction

```
S  E  B  L  V  R  I  A  N  J  V  T  X  S
B  X  Ö  F  O  X  M  T  F  O  Ä  N  R  J
Y  T  C  A  O  I  A  O  M  M  R  K  C  F
E  R  K  N  Y  L  G  M  Y  Z  L  H  F  N
X  E  E  T  P  L  I  G  S  D  D  Z  M  L
P  M  R  A  P  U  N  R  T  Y  T  S  T  U
L  T  K  S  L  S  Ä  O  I  X  D  Z  M  T
O  C  A  T  A  I  R  B  S  T  O  K  W  L
S  T  G  I  N  O  S  O  K  P  A  M  H  X
I  I  J  S  E  N  R  T  T  R  O  G  E  N
O  D  I  K  T  B  I  A  I  X  S  Z  Y  C
N  Y  U  T  O  P  I  R  K  S  E  L  D  L
G  A  L  A  X  T  B  O  T  E  K  N  I  K
S  C  E  N  A  R  I  O  C  V  L  J  B  S
```

ATOM	BÖCKER
BIO	VÄRLD
EXPLOSION	MYSTISK
EXTREM	ORAKEL
FANTASTISK	PLANET
ELD	REALISTISK
TROGEN	ROBOTAR
GALAX	SCENARIO
ILLUSION	TEKNIK
IMAGINÄR	UTOPI

56 - Vertus #1

```
P  I  Z  O  O  P  P  S  H  T  Y  C  K  G
R  A  D  B  E  P  A  J  P  J  D  F  O  E
A  K  B  E  F  Å  V  T  B  W  S  V  N  N
K  Y  L  R  F  L  G  B  I  Y  X  X  S  E
T  R  Y  O  E  I  Ö  N  W  E  P  Z  T  R
I  O  G  E  K  T  R  Y  H  S  N  U  N  Ö
S  L  S  N  T  L  A  F  C  Ä  I  T  Ä  S
K  I  A  D  I  I  N  I  H  K  H  B  R  A
E  G  M  E  V  G  D  K  A  E  W  L  L  T
B  X  A  Z  F  C  E  E  R  R  Y  J  I  V
N  O  E  Y  O  Y  W  N  M  N  E  V  G  B
R  K  I  N  T  E  L  L  I  G  E  N  T  Z
H  J  Ä  L  P  S  A  M  G  H  F  I  I  G
P  A  S  S  I  O  N  E  R  A  D  R  Y  A
```

KONSTNÄRLIG	OBEROENDE
BRA	INTELLIGENT
CHARMIG	BLYGSAM
SÄKER	PASSIONERAD
NYFIKEN	PATIENT
AVGÖRANDE	PRAKTISK
ROLIG	REN
EFFEKTIV	KLOK
PÅLITLIG	HJÄLPSAM
GENERÖS	

57 - Professions #1

```
P  B  F  F  Z  F  G  L  D  S  W  J  A  O
C  R  O  K  X  V  E  N  M  J  N  U  S  H
G  A  R  N  G  P  O  R  J  U  P  V  T  U
F  N  S  B  W  C  L  F  F  K  S  E  R  M
N  D  K  Y  G  O  O  R  C  S  Y  L  O  G
Y  M  A  E  E  C  G  T  D  K  K  E  N  R
K  A  R  T  O  G  R  A  F  Ö  O  R  O  E
D  N  E  J  Ä  G  A  R  E  T  L  A  M  D
A  A  D  V  O  K  A  T  P  E  O  R  J  A
S  F  N  B  Z  R  L  Y  Z  R  G  E  E  K
S  M  U  S  I  K  E  R  O  S  P  Z  L  T
T  R  Ä  N  A  R  E  L  Ä  K  A  R  E  Ö
C  P  V  W  B  R  Z  O  B  A  N  K  I  R
F  X  T  K  D  V  E  P  I  A  N  I  S  T
```

ASTRONOM	GEOLOG
ADVOKAT	SJUKSKÖTERSKA
BANKIR	LÄKARE
JUVELERARE	MUSIKER
KARTOGRAF	PIANIST
JÄGARE	BRANDMAN
DANSARE	PSYKOLOG
TRÄNARE	FORSKARE
REDAKTÖR	

58 - Géologie

```
I  G  R  F  G  E  T  U  W  E  U  I  Z  R
W  R  K  Z  T  K  L  E  R  O  S  I  O  N
N  O  R  H  Z  J  N  S  Y  R  A  D  N  K
P  T  U  Y  S  L  D  C  U  F  L  D  T  V
K  T  R  O  S  M  Ä  L  T  U  T  F  U  A
L  A  S  E  K  R  I  S  T  A  L  L  E  R
O  P  L  A  T  Å  L  N  L  A  G  E  R  T
F  J  A  C  M  V  H  G  E  J  S  E  R  S
K  O  N  T  I  N  E  N  T  R  M  Y  C  T
O  V  B  C  X  U  X  L  C  Y  A  G  S  E
R  M  X  L  N  H  M  U  A  F  C  L  U  N
A  F  O  S  S  I  L  O  F  V  U  P  E  D
L  S  T  A  L  A  K  T  I  T  A  S  Y  R
L  V  U  L  K  A  N  J  K  Y  C  R  A  W
```

SYRA	GEJSER
KALCIUM	LAVA
GROTTA	MINERALER
KONTINENT	STEN
KORALL	PLATÅ
LAGER	KVARTS
KRISTALLER	SALT
EROSION	STALAKTIT
SMÄLT	VULKAN
FOSSIL	ZON

59 - Cirque

```
Å  N  H  A  O  P  C  Z  F  B  A  J  U  S
C  S  Y  P  G  A  M  B  I  I  K  O  N  P
J  X  K  A  T  R  P  T  O  L  R  N  D  E
A  W  B  Å  D  A  K  L  F  J  O  G  E  K
P  M  F  V  D  D  K  V  T  E  B  L  R  T
B  A  U  I  B  A  T  K  S  T  A  Ö  H  A
T  G  T  S  R  B  R  S  O  T  T  R  Å  K
Ä  I  U  A  I  X  O  E  X  S  U  C  L  U
L  E  J  O  N  K  L  R  I  S  T  X  L  L
T  C  W  V  N  J  L  M  V  U  J  Y  A  Ä
U  G  T  F  F  A  K  V  J  M  S  W  M  R
T  I  G  E  R  B  A  L  L  O  N  G  E  R
C  L  O  W  N  D  R  D  J  U  R  L  G  N
J  M  Z  V  V  E  L  E  F  A  N  T  G  T
```

AKROBAT	TROLLKARL
DJUR	MAGI
BALLONGER	VISA
BILJETT	MUSIK
CLOWN	PARAD
KOSTYM	APA
UNDERHÅLLA	SPEKTAKULÄR
ELEFANT	ÅSKÅDARE
JONGLÖR	TÄLT
LEJON	TIGER

60 - Jardin

```
Z  G  D  M  F  F  O  X  F  D  O  H  T  F
V  O  P  J  J  M  G  I  K  S  J  Ä  R  R
B  U  I  A  R  G  R  Y  S  K  E  N  Ä  U
S  L  A  N  G  R  Ä  S  B  Y  P  G  D  K
O  W  O  R  Ä  F  S  A  Ä  F  I  M  G  T
T  R  A  M  P  O  L  I  N  F  T  A  Å  T
V  E  L  X  M  S  T  A  K  E  T  T  R  R
I  R  W  L  I  A  K  J  I  L  C  T  D  Ä
N  Z  B  U  S  K  E  O  I  F  N  A  A  D
X  E  N  V  U  G  A  R  A  G  E  S  D  G
T  E  R  R  A  S  S  D  X  D  Z  Z  I  Å
G  R  Ä  S  M  A  T  T  A  A  N  K  G  R
H  U  T  R  Ä  D  D  L  K  M  D  B  Y  D
C  P  R  Z  L  B  Y  T  P  M  O  D  S  P
```

TRÄD	OGRÄS
BÄNK	SKYFFEL
BUSKE	GRÄSMATTA
STAKET	RÄFSA
DAMM	JORD
BLOMMA	TERRASS
GARAGE	TRAMPOLIN
HÄNGMATTA	SLANG
GRÄS	FRUKTTRÄDGÅRD
TRÄDGÅRD	VIN

61 - Barbecues

```
F R U K T H S K H M U S I K
B A R N C S A N U I K N E V
F P M G P V L I N D Y P B L
K Y L I M X L V G D C R U V
H U J C L D A A E A K S A M
D T H P F J D R R G L B A M
I O I S C Z E N P X I W B L
G M L F Å G R I L L N V E U
V A E Y E S P P S O G A S N
O T F G R Ö N S A K E R O C
P E P P A R W P L F A M M H
P R I U L A T E T Ö Z K M F
H V F D R U L L U K K U A Y
W O I P F T C N C H D I R F
```

VARM	SPEL
KNIVAR	GRÖNSAKER
LUNCH	MUSIK
MIDDAG	LÖK
BARN	PEPPAR
SOMMAR	KYCKLING
HUNGER	SALLADER
FAMILJ	SÅS
FRUKT	SALT
GRILL	TOMATER

62 - Anniversaire

```
I  A  H  Y  I  I  G  Y  K  L  H  H  R  L
N  R  A  V  V  Ä  N  N  E  R  Z  B  O  J
B  T  Å  R  I  L  Y  C  K  L  I  G  L  U
J  S  M  A  S  F  I  R  A  N  D  E  I  S
U  I  O  X  D  U  U  V  L  F  D  V  G  T
D  W  W  W  O  R  H  F  E  Å  Ö  S  T  V
N  S  F  Z  M  V  R  K  N  B  T  D  I  H
I  D  G  U  N  G  Y  T  D  R  Y  I  D  H
N  K  A  K  A  K  K  O  E  A  X  C  L  K
G  G  M  Z  Y  B  S  Ä  R  S  K  I  L  D
A  Z  Å  B  D  H  W  H  S  N  O  H  H  W
R  N  U  V  L  B  P  D  M  N  R  M  R  C
W  R  Y  Z  A  B  F  A  P  Y  T  I  M  L
A  R  D  P  W  A  G  G  G  L  A  D  G  H
```

VÄNNER	LYCKLIG
ROLIGT	INBJUDNINGAR
ÅR	UNG
LJUS	DAG
GÅVA	GLAD
KALENDER	FÖDD
KORT	VISDOM
LÅT	SÄRSKILD
FIRANDE	BRA
KAKA	TID

63 - Animaux de Compagnie

```
M A T U X J M N K P V X S M
U K T P Z P K O R A E O K E
D K S G H U N D A P T E Ö X
K C T E S A I D G E E T L I
S J I T I I V L E G R K D J
F H K Ö D L A K J O I A P L
I X M K Z V A L P J N T A A
S T O U K A N I N A Ä T D C
K K W B L T D V D O R U D I
M E M V O T E P Z V U N A I
T H K W R E S V A N S G D R
M U S V V N W A L W K E O M
M K O P P E L H A M S T E R
B I R S A I Z P O U R H F W
```

KATT	KANIN
KATTUNGE	ÖDLA
GET	MAT
HUND	PAPEGOJA
VALP	FISK
KRAGE	SVANS
VATTEN	MUS
KLOR	SKÖLDPADDA
HAMSTER	KO
KOPPEL	VETERINÄR

64 - Forêt Tropicale

```
R E S T A U R E R I N G G B
M T J X M J R F E N K G E E
H Å P D N C J Å F S G R M V
Y C N Ä L C I G I E P E E A
V B A G G Z U L N K M S N R
Ä T T G F D V A H T O P S A
R A U D K A A R E E S E K N
D X R J R L L G M R S K A D
E J S U X N I D S Z A T P E
F P U R D T O M K U I W T G
U F D N M O L N A A R T X E
L B R Y G A J K G T N Y P L
L Y G R H E A M F I B I E R
Y X V J T I L L F L Y K T K
```

AMFIBIER
KLIMAT
GEMENSKAP
MÅNGFALD
ART
INHEMSK
INSEKTER
DJUNGEL
DÄGGDJUR

MOSSA
NATUR
MOLN
FÅGLAR
VÄRDEFULL
BEVARANDE
TILLFLYKT
RESPEKT
RESTAURERING

65 - Insectes

```
B  T  G  F  O  I  H  C  D  C  Y  D  E  G
L  R  E  T  J  Z  D  I  I  N  D  O  V  R
A  O  T  F  S  Ä  K  J  T  K  M  L  E  Ä
D  L  I  P  B  C  R  W  F  N  A  T  B  S
L  L  N  M  G  T  I  I  I  H  S  D  S  H
U  S  G  E  R  U  V  O  L  P  K  R  A  O
S  L  K  A  C  K  E  R  L  A  C  K  A  P
T  Ä  P  M  Y  R  A  L  O  P  P  A  P  P
E  N  V  V  N  Y  C  K  E  L  P  I  G  A
R  D  B  Å  L  G  E  T  I  N  G  V  H  M
M  A  M  Y  G  G  A  Y  W  J  L  T  Z  I
I  B  Ö  N  S  Y  R  S  A  U  A  W  Z  Z
T  X  I  A  C  E  B  C  G  L  R  L  K  N
S  K  A  L  B  A  G  G  E  S  V  Z  Z  Y
```

BI	BÖNSYRSA
KACKERLACKA	MYGGA
CIKADA	FJÄRIL
NYCKELPIGA	LOPPA
MYRA	BLADLUS
BÅLGETING	GRÄSHOPPA
GETING	SKALBAGGE
LARV	TERMIT
TROLLSLÄNDA	MASK

66 - Ferme #1

```
S  B  L  S  H  O  N  U  N  G  R  J  S  C
T  X  N  P  U  Ä  I  Z  P  E  X  O  T  K
A  J  B  B  R  I  S  C  C  T  K  R  A  I
S  N  C  A  I  D  K  T  F  N  R  D  K  K
B  L  B  H  V  E  P  D  V  X  H  B  E  N
H  Ö  I  S  C  C  Y  T  O  N  U  R  T  M
Y  U  S  M  G  S  R  Y  X  X  N  U  X  U
F  L  O  C  K  M  E  G  J  X  D  K  R  V
M  V  N  G  R  D  K  S  Ö  O  Å  S  N  A
R  I  O  F  Å  K  A  T  T  D  T  G  L  T
D  M  X  I  K  P  L  R  I  S  S  Y  J  T
B  M  E  H  A  L  V  J  C  K  A  E  M  E
F  Ä  L  T  K  Y  C  K  L  I  N  G  L  N
P  R  B  P  D  V  X  U  W  J  B  C  O  X
```

BI	KRÅKA
JORDBRUK	VATTEN
ÅSNA	GÖDSEL
BISONOXE	HÖ
FÄLT	HONUNG
KATT	KYCKLING
HÄST	RIS
GET	FLOCK
HUND	KO
STAKET	KALV

67 - Escalade

```
S  M  A  L  N  T  E  R  R  Ä  N  G  C  A
T  K  T  K  N  Y  V  C  I  J  C  X  K  T
Y  A  A  T  N  W  F  Y  S  I  S  K  S  M
R  M  D  D  P  D  K  I  K  C  R  S  V  O
K  D  O  G  A  W  S  K  A  R  T  A  S
A  S  T  A  B  I  L  I  T  E  T  U  J  F
U  T  M  A  N  I  N  G  A  R  N  T  F  Ä
W  O  W  S  V  H  O  U  B  E  G  H  A  R
U  V  M  P  T  M  K  I  H  X  R  J  E  E
L  L  N  U  E  Ö  U  D  Ö  P  O  Ä  F  T
O  W  B  P  P  C  V  E  J  E  T  L  L  H
T  R  Ä  N  I  N  G  L  D  R  T  M  V  N
H  A  N  D  S  K  A  R  A  T  A  C  N  F
V  A  N  D  R  I  N  G  H  R  D  V  K  C
```

HÖJD	STYRKA
ATMOSFÄR	TRÄNING
SKADA	HANDSKAR
STÖVLAR	GROTTA
KARTA	GUIDE
HJÄLM	FYSISK
NYFIKENHET	VANDRING
UTMANINGAR	STABILITET
EXPERT	TERRÄNG
SMAL	

68 - École #2

```
A K T I V I T E T E R S V V
B I B L I O T E K Y U K D B
D A T O R V S L Ä R A R E A
V J S N U T B I L D N I N G
P A P P E R X T K N U F C R
J N W D T R Z T I B H T Y A
T L R B Ö C K E R G H Z Y M
K A L E N D E R O D J V I M
R H G Ä P V V A X R E F C A
D S A X R A H T M G D L K T
G Y N W B A B U S S L B Y I
L Ä X A H M N R V X P Z O K
L Ä S N I N G D V U T E K K
P E N N A F Y R E T O C L J
```

AKTIVITETER	SKRIFT
LÄRANDE	UTBILDNING
BIBLIOTEK	GRAMMATIK
BUSS	SPEL
KALENDER	LÄSNING
SAX	LITTERATUR
PENNA	BÖCKER
LÄXA	DATOR
ORDBOK	PAPPER
LÄRARE	

69 - Antarctique

```
D  B  Z  S  F  R  R  A  L  E  G  S  V  D
M  V  B  D  E  Å  U  V  G  N  E  T  U  O
I  A  E  P  X  I  G  G  U  J  O  E  L  R
G  T  V  T  P  M  F  L  K  E  G  N  P  X
R  T  A  E  E  I  O  X  A  R  R  I  I  S
A  E  R  M  D  N  R  P  V  R  A  G  D  X
T  N  A  P  I  E  S  Z  J  R  F  Y  O  G
I  W  N  E  T  R  K  K  H  Y  I  P  Y  U
O  C  D  R  I  A  A  M  A  M  I  L  J  Ö
N  B  E  A  O  L  R  N  L  P  E  F  R  E
B  J  Z  T  N  E  E  C  V  A  L  A  R  I
G  C  B  U  U  R  P  V  Ö  A  R  I  J  E
P  C  M  R  R  F  N  X  I  S  B  G  G  Z
K  O  N  T  I  N  E  N  T  K  N  J  L  U
```

VIK	IS
VALAR	ÖAR
FORSKARE	MIGRATION
BEVARANDE	MINERALER
KONTINENT	FÅGLAR
VATTEN	HALVÖ
MILJÖ	STENIG
EXPEDITION	VETENSKAPLIG
GEOGRAFI	TEMPERATUR

70 - Professions #2

```
T F D J O U R N A L I S T P
A U I Y C M M M E Ä G A C I
N P L L R H X A V K Z S B L
D P L F O T O G R A F T N O
L F U F V S G K I R U R G T
Ä I S O D L O P P E S O S M
K N T R E I B F P W H N P R
A N R S T N I L M Å L A R E
R A A K E G O Ä W G V U R K
E R T A K V L R K T U T L V
Y E Ö R T I O A Z O O L O G
O R R E I S G R S J E D D Y
U Z P T V T F E N S Z M Z W
P U X Z C K U T R E D A R E
```

ASTRONAUT	UPPFINNARE
BIOLOG	JOURNALIST
FORSKARE	LINGVIST
KIRURG	LÄKARE
TANDLÄKARE	MÅLARE
DETEKTIV	FILOSOF
UTREDARE	FOTOGRAF
LÄRARE	PILOT
ILLUSTRATÖR	ZOOLOG

71 - Les Abeilles

```
V  G  S  P  H  S  L  T  X  G  A  N  A  N
G  J  Y  F  O  U  K  S  G  U  U  T  T  N
C  W  I  R  N  L  I  V  S  M  I  L  J  Ö
R  X  B  U  U  M  L  B  L  O  M  M  O  R
V  Ö  A  K  N  C  S  E  I  N  S  E  K  T
Ä  S  K  T  G  O  V  Z  N  S  S  H  V  G
L  V  Ä  X  T  E  R  I  V  B  M  B  X  C
G  Ä  X  S  S  H  M  Å  N  G  F  A  L  D
Ö  R  B  O  L  Z  P  F  S  G  V  R  B  K
R  M  I  L  M  V  P  B  Z  W  A  B  L  J
A  N  K  J  O  F  O  P  C  D  X  R  O  G
N  A  U  E  K  O  S  Y  S  T  E  M  M  F
D  T  P  D  R  O  T  T  N  I  N  G  M  U
E  M  A  T  R  Ä  D  G  Å  R  D  G  A  D
```

VINGAR	LIVSMILJÖ
VÄLGÖRANDE	INSEKT
VAX	TRÄDGÅRD
MÅNGFALD	HONUNG
SVÄRM	MAT
EKOSYSTEM	VÄXTER
BLOMMA	POLLEN
BLOMMOR	DROTTNING
FRUKT	BIKUPA
RÖK	SOL

72 - Dinosaures

```
V E P O I U T N W F K C S E
Y F J W N N B M A M M U T N
L Ö O X C M Y S T O R S O O
I R R S W F T R P J K E R R
K H D R S V E Z L O R N L M
R I N O W I R E P T I L E B
A S B V Z N L L P J U W K O
F T S D Y G G U V O A S R N
T O V J J A L L Ä T A R E D
F R A U E R R O V F Å G E L
U I B R V Ä X T Ä T A R E P
L S E V O L U T I O N U K K
L K F Ö R S V I N N A N D E
S V A N S I K W M O D S N B
```

VINGAR   ALLÄTARE
ROVDJUR   FÖRHISTORISK
FÖRSVINNANDE   BYTE
ART   KRAFTFULL
ENORM   SVANS
EVOLUTION   ROVFÅGEL
FOSSIL   REPTIL
STOR   STORLEK
VÄXTÄTARE   JORD
MAMMUT   OND

73 - Conduite

```
N I A S X I F P B L Z T K M
B R O M S A R A N C T R A O
R G V F P R Z G R O U A R T
Ä R T O O J P I D A N N T O
N W X U L T L I C E N S A R
S X Y B I L G G N S E P B C
L E G A S S T Ä A L L O S Y
E M L V Ä G Y P N R E R J K
L O A N K D C U X G A T R E
Y T S N E W F T E L A G U L
X O T A R O L Y C K A R E Y
C R B H H H A S T I G H E T
U J I D E U S E F P C X Y I
X A L K T R A F I K Z F M I
```

OLYCKA   MOTORCYKEL
LASTBIL   FOTGÄNGARE
BRÄNSLE   POLIS
KARTA   VÄG
FARA   SÄKERHET
BROMSAR   TRAFIK
GARAGE   TRANSPORT
GAS   TUNNEL
LICENS   HASTIGHET
MOTOR   BIL

74 - Plantes

M	B	Ö	N	A	K	A	K	T	U	S	W	F	G
O	U	U	Z	T	I	W	J	C	R	C	P	B	Ö
S	K	R	O	N	B	L	A	D	O	Ä	J	Z	D
S	K	R	G	S	K	O	G	L	T	Y	D	W	S
A	H	I	R	R	L	F	U	D	S	B	O	T	E
W	R	A	A	W	Ö	B	A	M	B	U	P	R	L
Y	Z	X	O	F	V	N	L	A	Ä	S	H	Ä	H
H	Z	N	O	Y	V	V	A	O	R	K	F	D	C
G	R	Ä	S	T	E	S	M	U	M	E	S	G	O
H	W	W	N	D	R	F	N	W	M	M	E	Å	C
P	N	X	A	E	K	L	L	A	Y	H	A	R	W
F	H	C	K	L	B	O	T	A	N	I	K	D	N
V	J	N	R	B	V	R	O	T	G	X	U	E	R
T	H	E	J	T	G	A	D	P	V	Ä	X	A	F

TRÄD	SKOG
BÄR	VÄXA
BAMBU	BÖNA
BOTANIK	GRÄS
BUSKE	TRÄDGÅRD
KAKTUS	MURGRÖNA
GÖDSEL	MOSSA
LÖVVERK	KRONBLAD
BLOMMA	ROT
FLORA	

75 - Ferme #2

```
F  R  U  K  T  O  B  N  C  O  R  G  D  X
F  A  W  D  A  V  E  C  M  D  T  W  X  A
S  O  P  V  B  E  V  E  T  E  U  H  J  M
G  L  X  R  W  N  A  Y  E  G  B  X  M  W
T  V  U  C  W  N  T  B  W  R  Z  L  J  A
C  T  P  V  S  L  T  Y  O  Ö  S  J  Ö  E
B  I  K  U  P  A  N  K  A  N  L  J  L  Ä
N  X  O  B  S  D  I  Y  I  S  D  A  K  N
M  L  R  J  C  A  N  Y  F  A  J  E  M  G
A  A  N  X  C  W  G  A  H  K  U  S  H  M
J  M  T  R  A  K  T  O  R  Z  R  B  X  U
S  A  S  T  M  I  S  H  C  G  R  F  Å  R
H  E  R  D  E  P  R  R  I  F  E  H  C  N
F  R  U  K  T  T  R  Ä  D  G  Å  R  D  X
```

LAMM	LAMA
BONDE	GRÖNSAK
DJUR	MAJS
HERDE	FÅR
VETE	MAT
ANKA	KORN
FRUKT	ÄNG
LADA	BIKUPA
BEVATTNING	TRAKTOR
MJÖLK	FRUKTTRÄDGÅRD

76 - École #1

```
B  I  B  L  I  O  T  E  K  R  L  N  Y  I
U  H  J  V  S  L  L  J  S  A  U  P  J  O
R  X  O  T  B  P  Y  Ä  Z  L  N  R  E  S
M  J  C  O  S  V  A  R  R  F  C  J  X  K
D  M  P  E  N  N  A  P  R  A  H  P  A  R
V  R  M  A  P  P  A  R  P  B  R  H  M  I
Ä  O  N  Z  E  B  Ö  C  K  E  R  E  E  V
N  L  I  T  N  N  J  H  M  T  R  Y  N  B
N  I  T  E  N  K  L  A  S  S  R  U  M  O
E  G  S  T  O  L  M  A  R  K  Ö  R  E  R
R  T  S  A  R  P  V  W  A  O  T  E  E  D
O  U  D  L  M  A  T  E  M  A  T  I  K  Z
S  G  F  R  Å  G  E  S  P  O  R  T  D  J
A  F  M  E  N  T  Z  O  F  P  R  K  S  G
```

ALFABET	LÄRARE
VÄNNER	EXAMEN
ROLIGT	BÖCKER
BIBLIOTEK	MARKÖRER
SKRIVBORD	MATEMATIK
STOL	TAL
PENNA	PAPPER
PENNOR	FRÅGESPORT
LUNCH	SVAR
MAPPAR	KLASSRUM

77 - Vacances #2

```
S  J  Y  D  T  H  G  C  K  C  F  H  I  F
R  E  S  T  A  U  R  A  N  G  E  G  C  L
E  D  E  S  T  I  N  A  T  I  O  N  K  Y
S  V  S  U  F  B  T  R  C  P  W  P  A  G
E  I  C  T  R  A  N  S  P  O  R  T  R  P
R  S  A  L  I  T  Ä  L  T  D  E  W  T  L
V  U  M  Ä  T  P  A  S  S  I  S  W  A  A
A  M  P  N  I  T  F  X  R  V  A  H  R  T
T  Z  I  N  D  A  B  D  I  U  Ö  A  P  S
I  Å  N  I  H  O  T  E  L  L  G  V  P  T
O  B  G  N  M  R  S  S  I  W  G  H  I  R
N  W  N  G  Y  S  C  O  D  A  I  N  G  A
E  I  R  O  R  S  E  M  E  S  T  E  R  N
R  A  E  V  J  J  O  P  B  T  S  K  H  D
```

FLYGPLATS	RESTAURANG
CAMPING	RESERVATIONER
KARTA	TAXI
DESTINATION	TÄLT
UTLÄNNING	TÅG
HOTELL	TRANSPORT
FRITID	SEMESTER
HAV	VISUM
PASS	RESA
STRAND	

78 - Temps

```
L K G M C M R V S P I N H A
Z U Z U N H I Z E I H A D Å
N P S C T Z G D K C J T Å R
I L J R P S Å A D K K T P T
Z F U S W N R G I A X A K I
K L O C K A T G M N G W A O
R M V Z Å R L I G R U R L N
F M I N U T F X C B U A E D
V Å D D S W Ö X M R R X N E
R N G Y M O R G O N I S D H
G A D C V W E F T E R T E R
J D Å R H U N D R A D E R S
F R A M T I D V E C X R O L
I S F A R D X E T T I M M E
```

ÅR	KLOCKA
ÅRLIG	DAG
EFTER	NU
FÖRE	MORGON
SNART	MIDDAG
KALENDER	MINUT
ÅRTIONDE	MÅNAD
FRAMTID	NATT
TIMME	VECKA
IGÅR	ÅRHUNDRADE

79 - Maison

```
N  L  W  S  K  O  R  S  T  E  N  T  A  K
Y  L  A  W  F  L  R  Z  P  L  X  R  R  Ä
C  M  O  M  E  P  W  L  X  D  T  Ä  J  L
K  Y  K  M  P  V  Ä  G  G  E  B  D  E  L
L  D  S  X  D  A  D  T  L  E  D  G  S  A
A  P  H  A  D  H  S  U  T  U  S  Å  V  R
R  H  K  N  P  U  E  Y  S  T  S  R  I  E
B  I  B  L  I  O  T  E  K  C  M  D  N  K
G  A  R  A  G  E  K  F  Ö  L  H  N  D  R
Z  C  G  M  J  O  V  M  K  D  Ö  R  R  U
N  L  S  L  A  G  A  R  D  I  N  E  R  M
O  F  V  X  W  T  S  P  E  G  E  L  S  V
S  T  A  K  E  T  T  F  Ö  N  S  T  E  R
O  E  B  B  F  U  E  A  O  L  L  W  K  Y
```

KVAST	VIND
BIBLIOTEK	TRÄDGÅRD
RUM	LAMPA
SKORSTEN	SPEGEL
NYCKLAR	VÄGG
STAKET	DÖRR
KÖK	GARDINER
DUSCH	KÄLLARE
FÖNSTER	MATTA
GARAGE	TAK

80 - Légumes

```
T  I  O  N  V  O  J  H  B  M  R  O  V  A
W  N  L  P  Ä  R  T  A  V  O  S  C  U  K
G  G  U  E  Z  G  D  C  O  R  P  V  H  O
U  E  M  R  H  A  G  S  T  O  E  H  W  L
R  F  B  S  V  A  M  P  N  T  N  Y  D  I
K  Ä  R  I  X  S  T  U  L  Y  A  S  B  V
A  R  O  L  Ö  K  M  M  B  A  T  Y  N  V
J  A  C  J  X  W  N  P  K  F  N  H  N  T
C  C  C  A  R  C  V  A  X  O  C  T  S  O
K  R  O  N  Ä  R  T  S  K  O  C  K  A  M
P  S  L  B  D  V  I  T  L  Ö  K  E  L  A
H  M  I  T  I  T  M  B  B  I  C  C  L  T
C  S  Y  U  S  E  L  L  E  R  I  M  A  D
L  A  E  K  A  Y  H  A  F  M  F  N  D  E
```

VITLÖK	INGEFÄRA
KRONÄRTSKOCKA	ROVA
ÄGGPLANTA	LÖK
BROCCOLI	OLIV
MOROT	PERSILJA
SELLERI	ÄRTA
SVAMP	RÄDISA
PUMPA	SALLAD
GURKA	TOMAT
SPENAT	

81 - Plage

```
D S H P H M W M O A W I H T
C S V L D O S K H A V G L K
H X U B S B S O L Z U B G Y
K L H D T D S E G E L B Å T
D X R V C R D R M S P V L E
H A N D D U K O R E O H V X
S P A R A P L Y C E S M A R
A V S V M A S P U K V T L N
N D K U S T K D I W A K E B
D L A G U N A S A N D R A R
A H S V X E L N P I C A D M
L S Y B Y J E N H T Y B W N
E D G L X R O T A U A B L Ö
R D B Å T J A S L R O A K U
```

BÅT	PARAPLY
BLÅ	REV
SKAL	SAND
KUST	SANDALER
KRABBA	HANDDUK
DOCKA	SOL
LAGUN	SEMESTER
HAV	SEGELBÅT

82 - Famille

```
E  S  B  A  Y  C  M  S  I  P  E  B  S  M
V  S  M  A  I  Y  Y  Y  W  T  U  A  Y  O
A  Z  B  W  R  J  H  V  O  O  X  R  S  D
K  D  W  L  P  N  D  T  K  B  X  N  K  E
B  A  R  N  D  O  M  A  K  E  Z  B  O  R
R  M  R  E  Z  K  U  S  I  N  D  A  N  N
O  U  V  B  Z  F  R  U  Y  M  O  R  B  S
R  F  Ö  R  F  A  D  E  R  S  T  N  A  D
I  A  A  O  W  D  J  K  Z  N  T  C  R  Y
K  R  V  R  O  E  I  U  N  H  E  E  N  V
L  F  F  S  F  R  U  P  U  U  R  M  R  C
Y  A  J  O  H  L  M  O  R  M  O  R  R  K
Y  R  M  N  C  I  M  O  S  T  E  R  E  F
X  P  R  A  M  G  F  A  R  B  R  O  R  K
```

FÖRFADER	MODERNS
KUSIN	MOR
BARNDOM	BRORSON
BARN	SYSKONBARN
FRU	FARBROR
DOTTER	FADERLIG
BROR	BARNBARN
MORMOR	FAR
FARFAR	SYSTER
MAKE	MOSTER

83 - Oiseaux

```
O O N F P W G G Ä S V A N H
Ö R N Y O I Y Ö G A P I L G
B F P B J A N K G S Y A C J
N L V C C K M G Å S W N R A
P A P E G O J A V E S K P V
G M B T A R V M X I V A Å P
W I Å B Y P L L V T N R F E
L N X S T O R K D M W E Å L
I G D K W H Ä G E R G J G I
V O E D K Y C K L I N G E K
S T R U T S Z O B G J W L A
M B I V G X U F T O U C A N
E P K A B A I U L T R Y S E
D S Z E X T A J O I Z E G I
```

ÖRN	PINGVIN
STRUTS	SPARV
ANKA	MÅS
STORK	ÄGG
DUVA	GÅS
KORP	PÅFÅGEL
GÖK	PAPEGOJA
SVAN	PELIKAN
FLAMINGO	KYCKLING
HÄGER	TOUCAN

84 - Disciplines Scientifiques

```
F D N W M A A U A D D I S H
Y K E M I N S B R G F M U O
S B U Z N A T U K D H M B N
I I R O E T R R E R C U W J
O O O O R O B O T A N I K
L L L L A M N T L I B O U E
O O O O L I O V O X N L B K
G G G G O C M R G Z R O I O
I I I I G A I S I P F G O L
S Z B L I N G V I S T I K O
T E R M O D Y N A M I K E G
S O C I O L O G I P P E M I
T Y M E T E O R O L O G I G
M E K A N I K G E O L O G I
```

ANATOMI	LINGVISTIK
ARKEOLOGI	MEKANIK
ASTRONOMI	METEOROLOGI
BIOKEMI	MINERALOGI
BIOLOGI	NEUROLOGI
BOTANIK	FYSIOLOGI
KEMI	SOCIOLOGI
EKOLOGI	TERMODYNAMIK
GEOLOGI	ZOOLOGI
IMMUNOLOGI	

85 - Émotions

```
F  N  M  F  L  D  K  T  L  I  Z  I  V  Ö
D  Y  X  R  W  U  F  R  G  Y  J  L  I  V
Z  E  V  E  D  J  G  Z  I  C  U  S  P  E
T  J  H  D  K  Y  R  N  P  A  F  K  Y  R
J  A  V  S  L  A  P  P  N  A  D  A  G  R
G  Y  C  D  C  I  S  S  O  R  G  U  E  A
O  K  L  K  W  E  W  Y  R  H  C  P  N  S
F  N  E  O  S  O  T  W  M  N  P  P  E  K
S  R  R  G  K  A  X  Z  Ö  P  D  H  R  N
K  Ä  R  L  E  K  M  M  M  G  A  E  A  I
U  D  V  Ä  N  L  I  G  H  E  T  T  D  N
W  S  A  D  Ö  J  A  L  E  Z  N  S  I  G
W  L  X  J  J  H  L  Ä  T  T  N  A  D  C
F  A  N  E  D  L  E  D  A  C  W  D  U  M
```

KÄRLEK	RÄDSLA
ILSKA	TACKSAM
AVSLAPPNAD	LÄTTNAD
GENERAD	NÖJD
LEDA	ÖVERRASKNING
UPPHETSAD	SYMPATI
VÄNLIGHET	ÖMHET
GLÄDJE	LUGN
FRED	SORG

86 - Géographie

```
H  T  E  Z  N  Z  C  P  X  W  H  H  K  U
Ö  G  E  O  M  R  Å  D  E  A  B  A  A  Z
J  D  B  R  E  D  D  G  R  A  D  L  T  V
D  F  S  Y  R  L  Z  W  S  Z  P  V  L  Ä
E  L  O  T  I  I  A  K  P  M  K  K  A  R
N  O  R  R  D  S  T  E  D  E  X  L  S  L
M  D  O  J  I  M  U  O  V  B  M  O  T  D
N  K  X  X  A  R  M  X  R  Ä  U  T  A  W
U  A  S  N  N  F  A  K  B  I  S  H  D  C
U  R  Z  B  S  Ö  D  E  R  V  U  T  O  O
X  T  U  E  V  L  A  N  D  J  B  M  M  I
Z  A  F  R  K  O  N  T  I  N  E  N  T  V
L  O  N  G  I  T  U  D  Y  L  Z  N  Y  F
J  V  H  P  E  W  U  Y  V  U  S  C  H  H
```

HÖJD	VÄRLD
ATLAS	BERG
KARTA	NORR
KONTINENT	VÄST
FLOD	LAND
HALVKLOT	OMRÅDE
BREDDGRAD	SÖDER
LONGITUD	TERRITORIUM
HAV	STAD
MERIDIAN	

87 - Danse

```
K L A S S I S K K N P X U A
K R Y T M K V Ä O L R R J K
U U O B X E J N N Å D T J M
L J L P D R F S S B W R Z J
T L W T P C T L T P S A G R
U W G S U W F A O D E D K R
R J G B E R H Å L L N I N G
E R Ö R E L S E K K L T A M
L D K O R E O G R A F I K U
L P A R T N E R L N C O A S
H O P P A F J L X A Y N D I
R E P E T I T I O N D E E K
U T T R Y C K S F U L L M C
G V I S U E L L E N P L I T
```

AKADEMI	GLAD
KONST	RÖRELSE
KOREOGRAFI	MUSIK
KLASSISK	PARTNER
KROPP	HÅLLNING
KULTUR	REPETITION
KULTURELL	RYTM
UTTRYCKSFULL	HOPPA
KÄNSLA	TRADITIONELL
NÅD	VISUELL

88 - Bâtiments

```
L U N I V E R S I T E T T G
A A F S J U K H U S O J E J
B M H T Ä L T Z O X B T A A
O B O A L A O S F T S W T B
R A C D G A Z L L O E S E M
A S D I H A D T P R R L R M
T S K O L A R A A N V O L A
O A Y N V D K A K K A T Ä T
R D F A B R I K G W T T G A
I O V C G R N G N E O S E F
U M U S E U M B I O R T N F
M Y U P I D D W J T I U H Ä
Y H T R F X I F G R U G E R
K L S W B Z O O R B M A T M
```

AMBASSAD
LÄGENHET
STUGA
SLOTT
BIO
SKOLA
GARAGE
LADA
SJUKHUS
HOTELL

LABORATORIUM
MUSEUM
OBSERVATORIUM
STADION
MATAFFÄR
TÄLT
TEATER
TORN
UNIVERSITET
FABRIK

89 - Pêche

```
X A M M X C D S J U A F W K
J X P F A T O T D T M Z T O
V M G A R H S T K R S L F C
S Ä S O N G J A O U N H T K
B E V T J O Ö C R S P C Ö Ä
Y E D Å R H F I G T S N V K
X E V L B A S T Ä N E T E E
D X H A Å V N I L I C Y R A
P T U M T R Å D A N Z I D Z
N S Z O U T B D R G L J R Z
F G E D R X E V I K T P I D
V L O G R M T N K R O K F M
W V O N L F E D N M Y O T N
S H V D V U Z N A G R V T F
```

BETE	FLOD
BÅT	SJÖ
GÄLAR	KÄKE
KROK	HAV
KOCK	KORG
VATTEN	TÅLAMOD
ÖVERDRIFT	STRAND
UTRUSTNING	VIKT
TRÅD	SÄSONG

90 - Activités et Loisirs

```
D N C T Ä V L I N G S G A U
F Y P L L H K T R V O Y A B
O Y K N A T O Z E A V U S Z
T T V N B T N C S N N E L H
B F I S I Y S W A D N M S K
O F M B X N T S U R F I N G
L S L E Y U G I K I C D S O
L V T R B C L M G N A I E L
P H B T C O G N U G M C M F
B A S K E T X I Y I P A N J
H N F I S K E N Y D I D Y T
D D H R E G M G I B N H G V
Y L Z R M Å L N I N G U K C
B A S E B O L L P D G A M K
```

HANDLA
KONST
BASEBOLL
BASKET
BOXNING
CAMPING
TÄVLINGS
FOTBOLL
GOLF

SIMNING
MÅLNING
FISKE
DYKNING
VANDRING
SURFING
TENNIS
RESA

91 - Livres

```
S  I  D  A  Ä  R  L  U  O  H  P  B  B  D
A  S  J  K  G  V  O  H  Y  E  T  E  K  G
M  A  K  V  J  K  E  M  P  B  H  R  H  P
M  M  M  R  L  B  W  N  A  T  L  Ä  C  O
A  L  F  L  I  T  C  H  T  N  P  T  P  E
N  I  H  Z  N  V  P  B  S  Y  W  T  B  S
H  N  C  F  M  A  S  Y  W  Y  R  A  D  I
A  G  X  E  C  I  L  I  T  T  E  R  Ä  R
N  H  I  S  T  O  R  I  S  K  L  E  M  R
G  L  Ä  S  A  R  E  X  L  B  E  P  G  K
F  Ö  R  F  A  T  T  A  R  E  V  I  U  O
U  O  Z  S  B  K  D  I  K  T  A  S  B  O
B  E  R  Ä  T  T  E  L  S  E  N  K  L  A
W  Z  D  H  U  M  O  R  I  S  T  I  S  K
```

FÖRFATTARE	LÄSARE
ÄVENTYR	LITTERÄR
SAMLING	BERÄTTARE
SAMMANHANG	SIDA
SKRIVS	RELEVANT
EPISK	DIKT
BERÄTTELSE	POESI
HISTORISK	ROMAN
HUMORISTISK	RAD

92 - Pays #2

```
V O R J H L A O S D D F D N
K B G W D M X Z W U A B J L
I N D O N E S I E N N P A I
N I F C T X P U A F M A P B
A F R B F I U K L A A K A A
X R Y L J C C R B C R I N N
P A S D A O E A A L K S J O
E N S M M N A I N H E T L N
R K L K A S D N I A N A X R
H R A T I U Y A E I Y N A V
E I N N C D I R N T A E M C
S K D K A A X V I I J I B D
J E U G A N D A M E T N X J
S O M A L I A X T J N L U A
```

ALBANIEN
KINA
DANMARK
FRANKRIKE
HAITI
INDONESIEN
IRLAND
JAMAICA
JAPAN
KENYA

LAOS
LIBANON
MEXICO
UGANDA
PAKISTAN
RYSSLAND
SOMALIA
SUDAN
SYRIEN
UKRAINA

93 - Fournitures d'Art

```
A P M Y S A K R Y L K A M S
K A M E R A C L C I R M X R
V A T T E N S E H M E E E T
S T A F F L I R S F A S N L
T P A P P E R A B A T U S K
O R R K I O N V M P I D P Z
L N Ä T V J B I P J V D P T
E C W K M A O D D J I G M A
P E N N O R R É S P T U V B
O G Y L N L S E L C E M B E
P D D O I O T R L Y T M L L
F Ä R G L T A W D L I I Ä L
L T I H J J R X C V E N C J
F Ä R G E R A J A P V R K S
```

AKRYL	PENNOR
AKVARELLER	KREATIVITET
LERA	VATTEN
BORSTAR	BLÄCK
KAMERA	SUDDGUMMI
STOL	OLJA
TRÄKOL	IDÉER
STAFFLI	PAPPER
LIM	FÄRG
FÄRGER	TABELL

94 - Jouets

```
L S O L D R A K E S F K B F
V L H Y U O B Å T L A H F B
V W S Z S B V C C O V D A P
B I L W D O C K A D O C N H
J U L A S T B I L X R F T R
H A N T V E R K H O I L A T
B X W R Å I P W D C T Y S A
Ö P M U P G I O O Y S G I T
C I M M X R L P D K C P Y A
K B B M T Z V E K E H L E O
E T Z O V W B Z R L A A K L
R I S R U C O V I A C N B E
P U S S E L L R T C K W U J
R N S H A A L V A C V U M G
```

LERA
HANTVERK
FLYGPLAN
BOLL
BÅT
LASTBIL
DRAKE
KRITA
SCHACK
FAVORIT

FANTASI
SPEL
BÖCKER
DOCKA
PUSSEL
ROBOT
TRUMMOR
TÅG
CYKEL
BIL

95 - Eau

```
F  F  X  C  R  E  G  N  H  F  V  X  G  S
L  U  V  Å  G  O  R  O  A  Z  R  W  E  Y
O  K  A  N  A  L  B  Å  V  P  B  O  J  X
D  T  M  O  N  S  U  N  T  N  O  R  S  Z
R  I  Z  S  N  N  P  G  M  L  G  K  E  T
I  G  A  E  C  Ö  D  A  Y  I  U  A  R  S
C  B  H  I  S  G  U  C  B  M  E  N  R  B
K  A  V  D  U  N  S  T  N  I  N  G  M  C
B  F  D  D  M  I  C  Z  O  F  N  S  M  V
A  N  Z  S  F  J  H  X  P  D  F  K  J  U
R  B  E  V  A  T  T  N  I  N  G  U  K  Ö
T  L  V  G  X  L  H  J  R  Y  K  K  K  B
T  X  B  K  P  T  D  R  M  H  T  R  L  T
T  D  Ö  V  E  R  S  V  Ä  M  N  I  N  G
```

KANAL	BEVATTNING
DUSCH	SJÖ
AVDUNSTNING	MONSUN
FLOD	SNÖ
FROST	HAV
GEJSER	ORKAN
IS	REGN
FUKTIG	DRICKBAR
FUKT	VÅGOR
ÖVERSVÄMNING	ÅNGA

96 - Paysages

```
I H G T Z O O X E K Y T F V
H S J Ö S H A L V Ö U F L I
J V B G S A S V L J D V O I
N D M E T V L A P I J U D F
S U T C R Ö L T P L K L M M
X D A L Ä G G T K A U K Y P
Ö K E N S R B E R G L A N X
H O T W K O M N J F L N N D
S F C O Y T W F D S E C I D
S B O N S T Z A J B E N N R
G D I B F A F L O D B R G E
S T R A N D M L T U N D R A
Y O E B A H V K W D P N B O
G L A C I Ä R G J M P C Z M
```

VATTENFALL   TRÄSK
KULLE   HAV
ÖKEN   BERG
FLODMYNNING   OAS
FLOD   HALVÖ
GEJSER   STRAND
GLACIÄR   TUNDRA
GROTTA   DAL
ISBERG   VULKAN
SJÖ

97 - Nombres

```
N O L L V L Y C F E M T O N
I G R T G Y C N Y H E I H S
T R E T T O N U R Z N I O E
T P I K Z Z H M A R T O N X
O F J O R T O N C Y R G F T
N Z E D E C I M A L I Y O O
A G I M C W I P T Y B V K N
Z X R C X C J I K P C V F A
Å H W B O W I H J E J P D W
T J U G O T V Å V O W K C M
T R T I O C M A W I J B T G
A J E B L V W S J U T T O N
L Z L P G T J E J K D E L L
B Y M C S P T X M U W X V P
```

FEM	FJORTON
TVÅ	FYRA
DECIMAL	FEMTON
TIO	SEXTON
ARTON	SJU
NITTON	SEX
SJUTTON	TRETTON
TOLV	TRE
ÅTTA	TJUGO
NIO	NOLL

98 - Nature

```
F T A V G Ö R A N D E T J U
L R L K R V Y N T O I O F W
O O E R M Z H G Ö S K B Z V
D P O D O D P A K D B O V I
J I I I L Ö V V E R K D O S
U S F M N I D Y N A M I S K
R K T M A A G L A C I Ä R S
K S F A F A T D W B N W E K
L D V S L G R O L Y H I R Ö
F R I S T A D K L U G N O N
V P L K K B P S T W L B S H
K V D O Y Y M N N I S I I E
W I P G D B D W P M S N O T
I J I L S R I D W Z J K N S
```

BIN	FLOD
SKYDD	SKOG
DJUR	GLACIÄR
ARKTISK	MOLN
SKÖNHET	FREDLIG
DIMMA	FRISTAD
ÖKEN	VILD
DYNAMISK	LUGN
EROSION	TROPISK
LÖVVERK	AVGÖRANDE

99 - Bateaux

```
D E O R K Z W D U F M S S M
V L G P K A J A K Ä O E I A
T I D V A T T E N R T G B S
R W K T N G U H P J O E E T
A X F L O D X A S A R L S E
G F K L T Z S V D M E B Ä R
A N K A R E N J T H P Å T M
V X X T B O J A Ö R X T T Y
U Å X F A T P Y U M C Y N V
T L G L Y A C H T T A V I E
Y F D O C K A H B S I N N Y
O Y S T R E T I Y A Z S G B
E E J T M N H T K W S I K T
J U Ö E J O R L M Y F B P I
```

ANKARE	TIDVATTEN
BOJ	SJÖMAN
KANOT	MAST
REP	HAV
DOCKA	MOTOR
BESÄTTNING	NAUTISK
FÄRJA	FLOTTE
FLOD	VÅGOR
KAJAK	SEGELBÅT
SJÖ	YACHT

100 - Mesures

```
I  L  Ä  N  G  D  E  H  M  M  C  D  I  R
S  E  W  V  R  R  Z  F  E  I  E  E  U  H
B  R  H  K  A  S  A  K  T  N  N  C  T  V
Y  Z  A  Y  M  Z  U  D  E  U  T  I  O  X
T  N  L  H  W  D  F  U  R  T  I  M  N  V
E  U  I  Ö  A  K  F  L  D  N  M  A  K  O
S  V  M  J  P  V  I  K  T  C  E  L  S  L
O  E  V  D  T  B  G  L  X  I  T  G  S  Y
K  I  L  O  G  R  A  M  O  N  E  A  E  M
M  U  N  S  B  M  T  Z  C  M  R  R  D  T
H  M  A  S  S  A  O  Y  B  R  E  D  D  O
Z  B  H  R  W  S  O  P  I  L  I  T  E  R
F  B  C  Z  S  B  H  G  D  L  S  R  E  E
D  J  U  P  B  J  H  C  T  U  A  L  B  R
```

CENTIMETER	MASSA
GRAD	METER
DECIMAL	MINUT
GRAM	BYTE
HÖJD	UNS
KILOGRAM	VIKT
KILOMETER	TUM
BREDD	DJUP
LITER	TON
LÄNGD	VOLYM

1 - Été

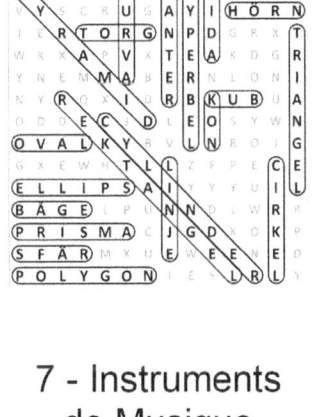

2 - Adjectifs #2

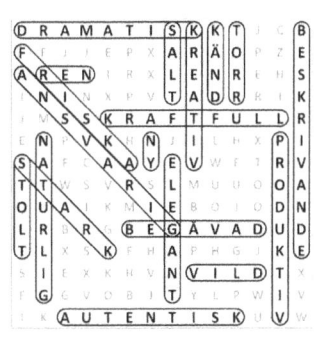

3 - Exploration

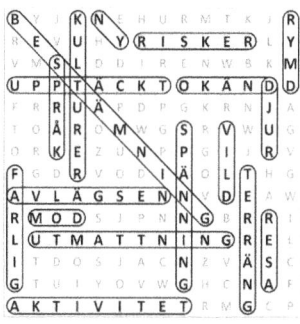

4 - Formes

5 - Salle de Bains

6 - Adjectifs #1

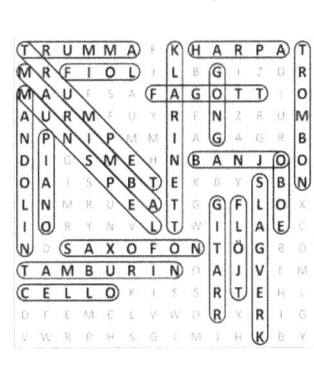
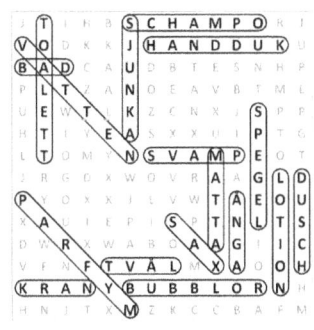
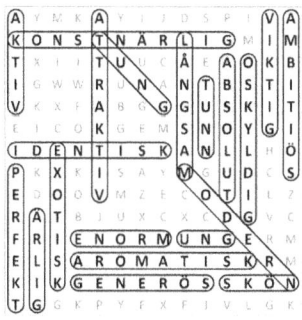

7 - Instruments de Musique

8 - Échecs

9 - Herboristerie

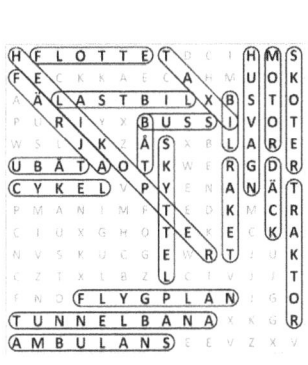
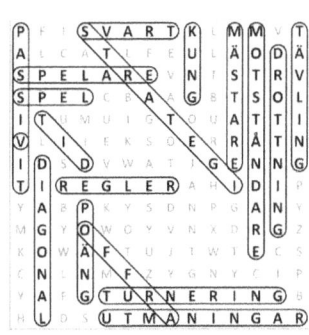
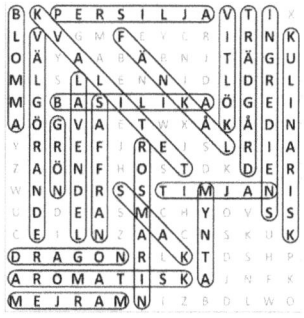

10 - Véhicules

11 - Camping

12 - Écologie

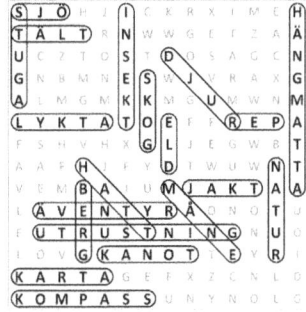
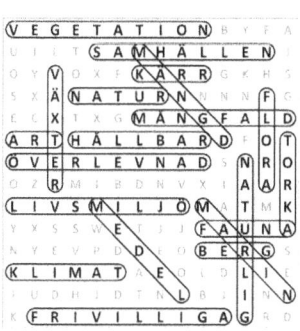

13 - Astronomie

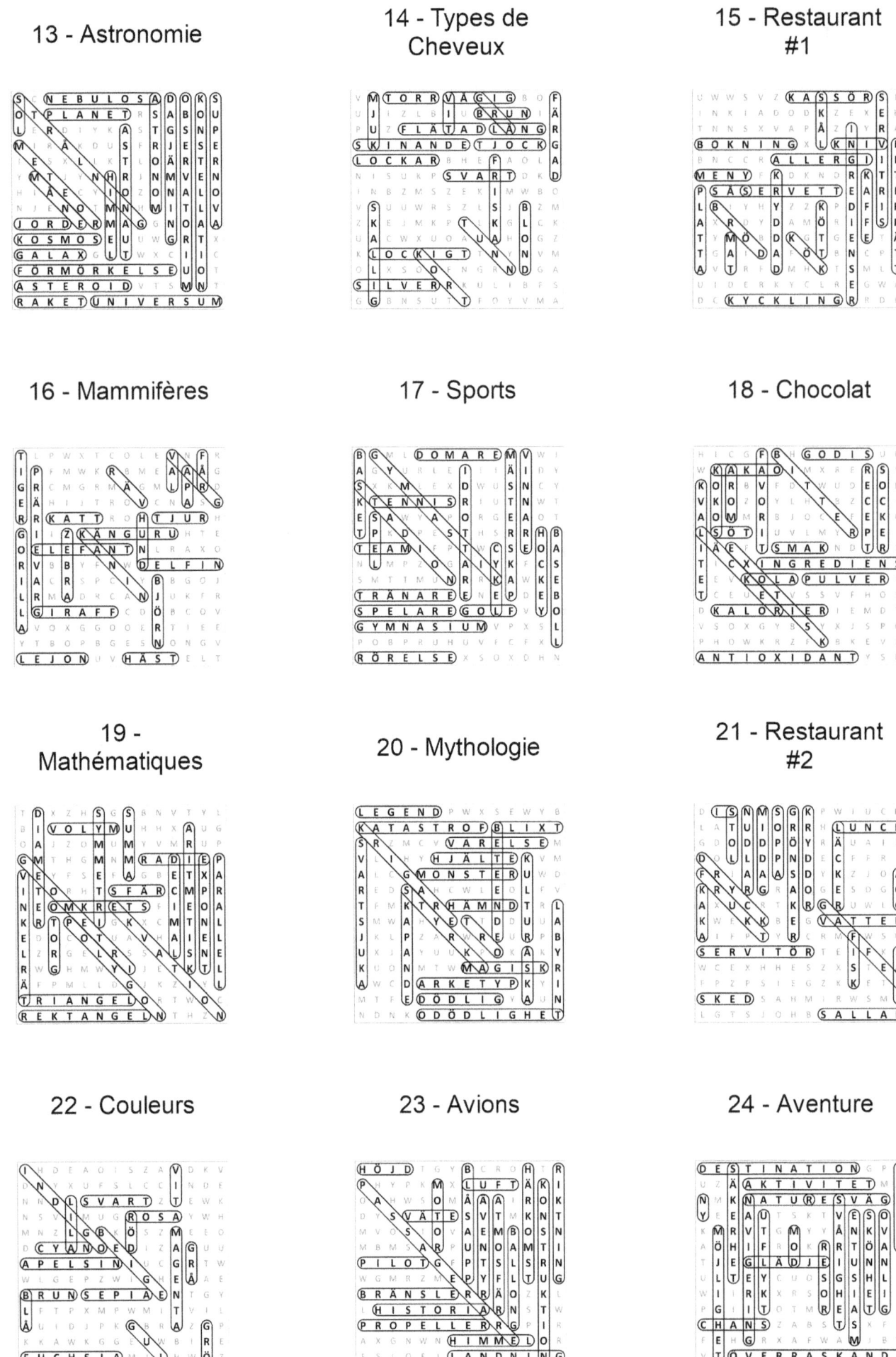

14 - Types de Cheveux

15 - Restaurant #1

16 - Mammifères

17 - Sports

18 - Chocolat

19 - Mathématiques

20 - Mythologie

21 - Restaurant #2

22 - Couleurs

23 - Avions

24 - Aventure

25 - Ville

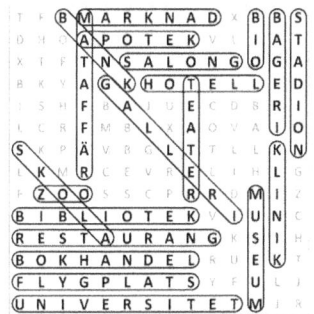

26 - Cuisine

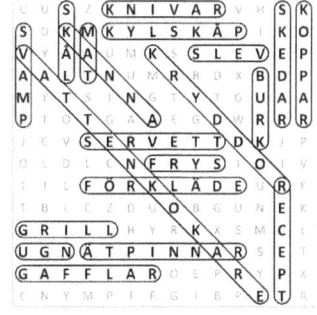

27 - Gentillesse

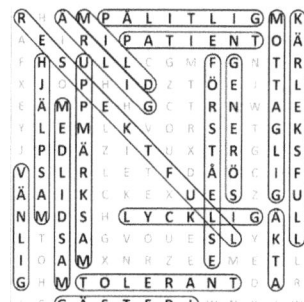

28 - Corps Humain

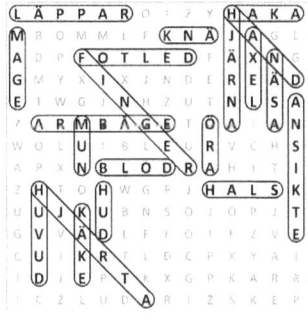

29 - Épices

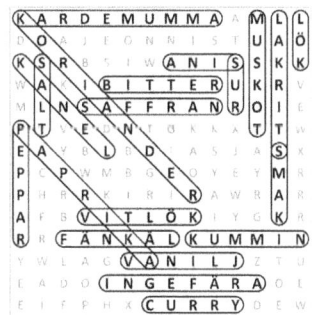

30 - Science

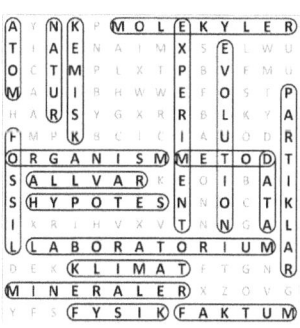

31 - Chats

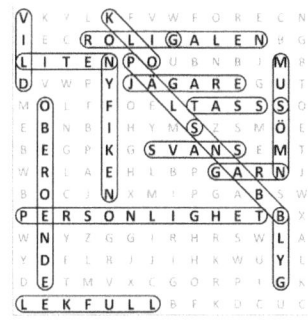

32 - Vêtements

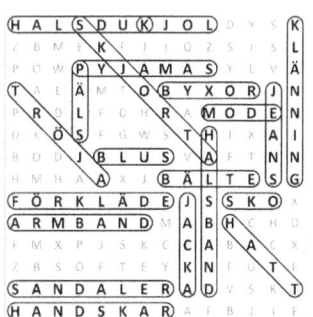

33 - Arts Visuels

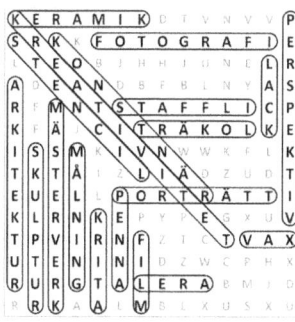

34 - Méditation

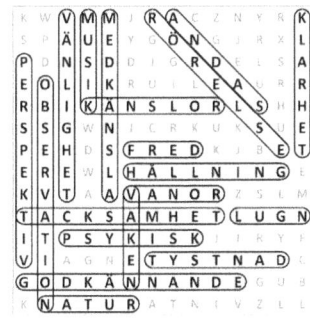

35 - Littérature

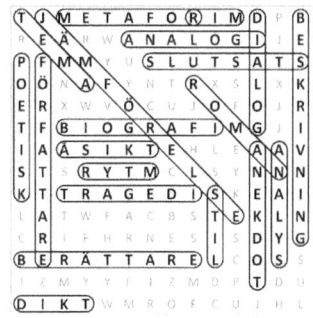

36 - Nourriture #1

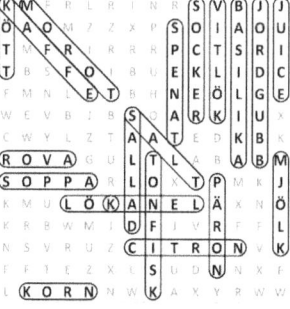

37 - Jours et Mois

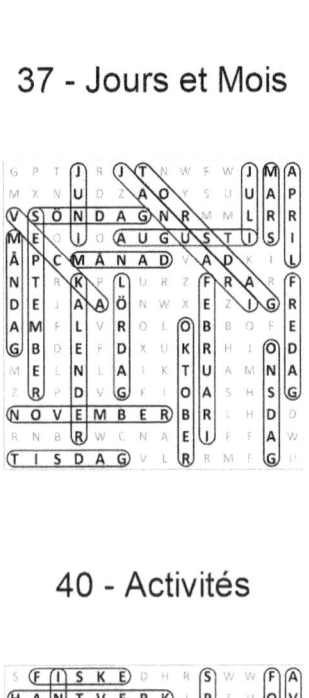

38 - Championnat

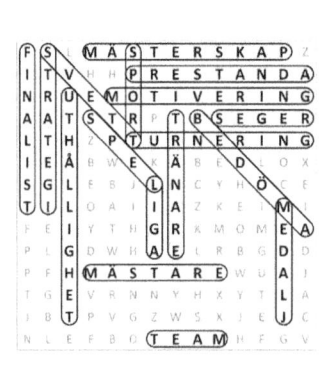

39 - Pirates

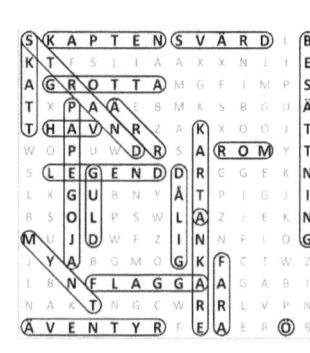

40 - Activités

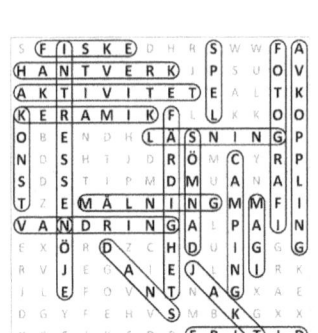

41 - Fleurs

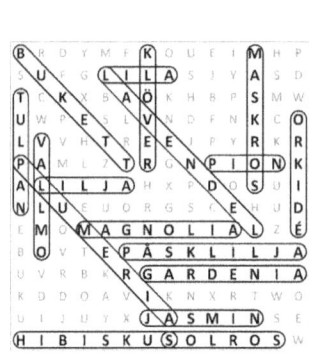

42 - Nourriture #2

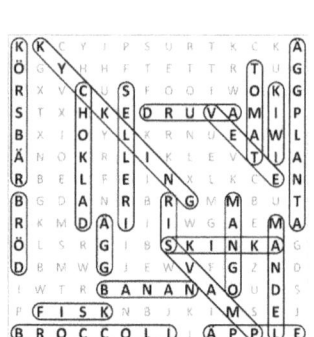

43 - Océan

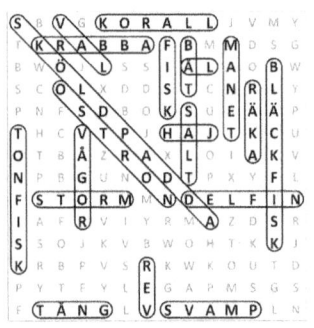

44 - Remplir

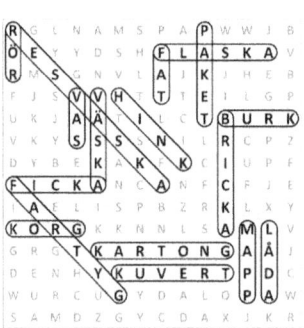

45 - Ballet

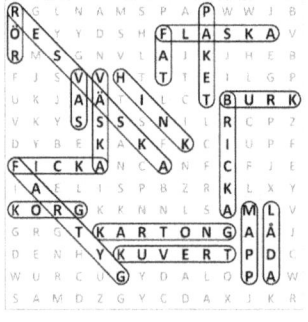

46 - Fruit

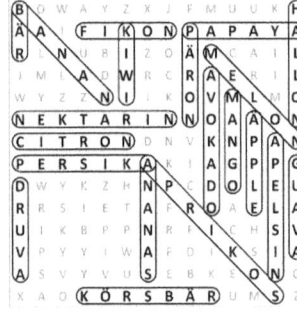

47 - Surf

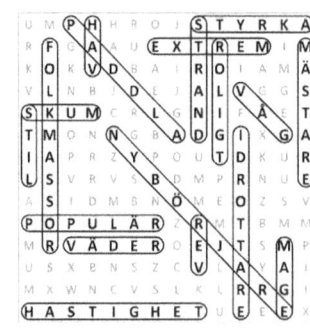

48 - Technologie

49 - Météo

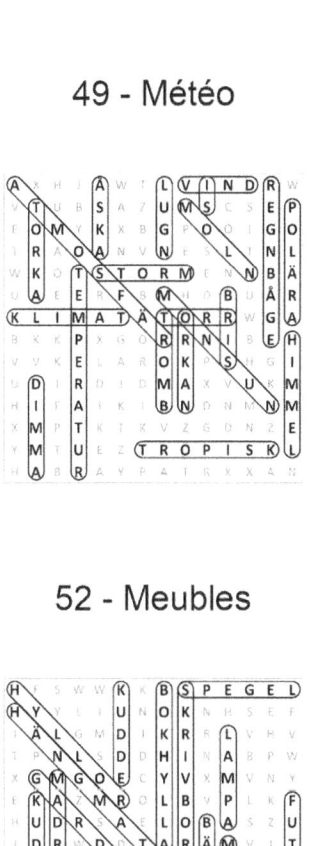

50 - Châteaux

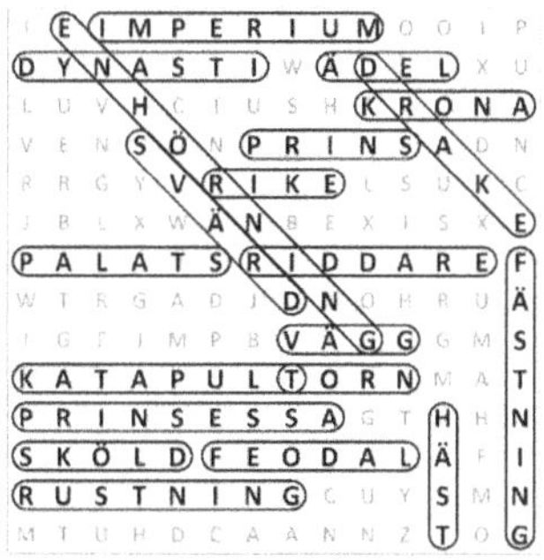

51 - Randonnée

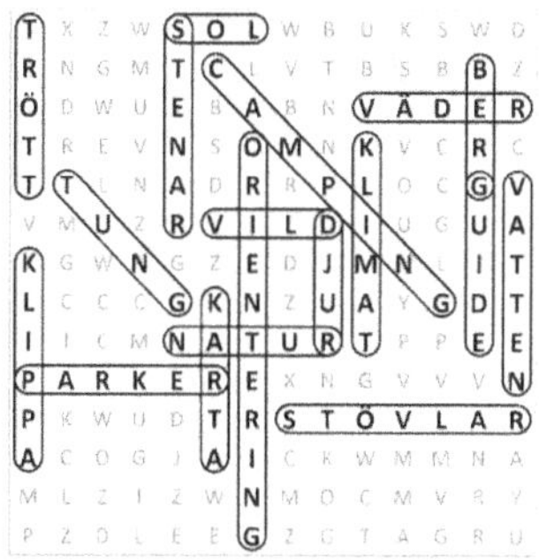

52 - Meubles

53 - Art

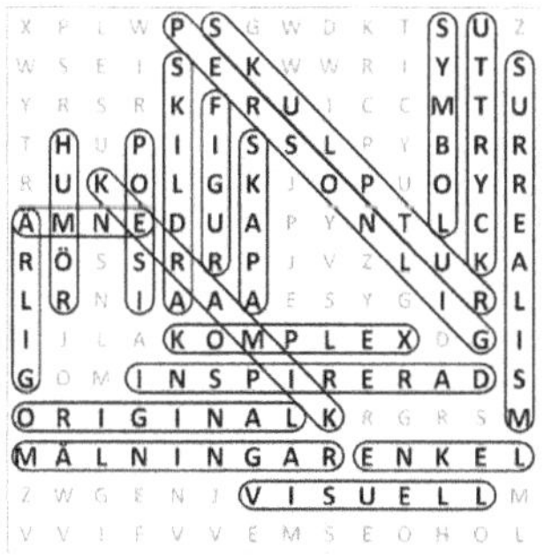

54 - Nutrition

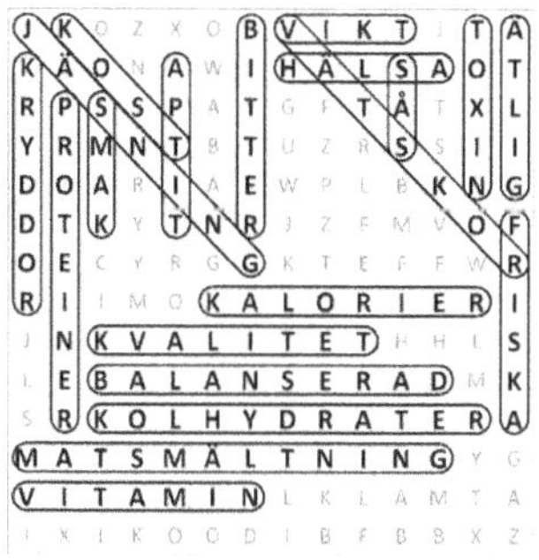

55 - Science Fiction

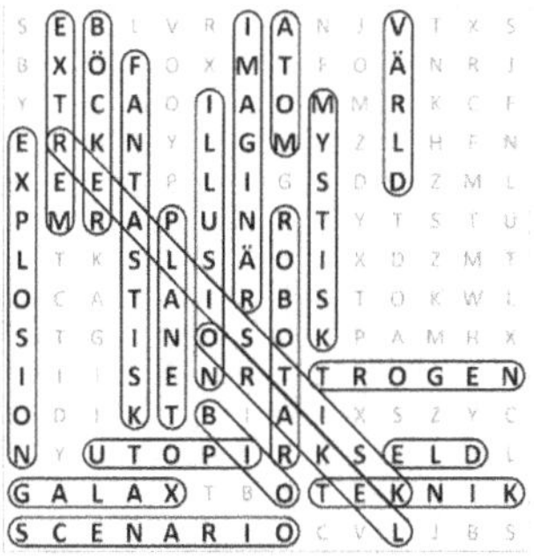

56 - Vertus #1

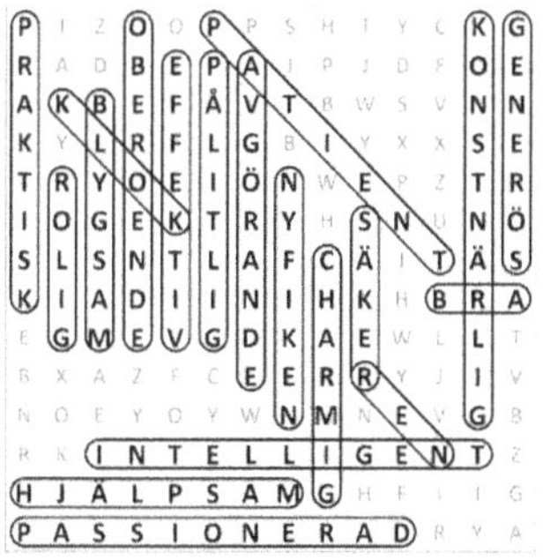

57 - Professions #1

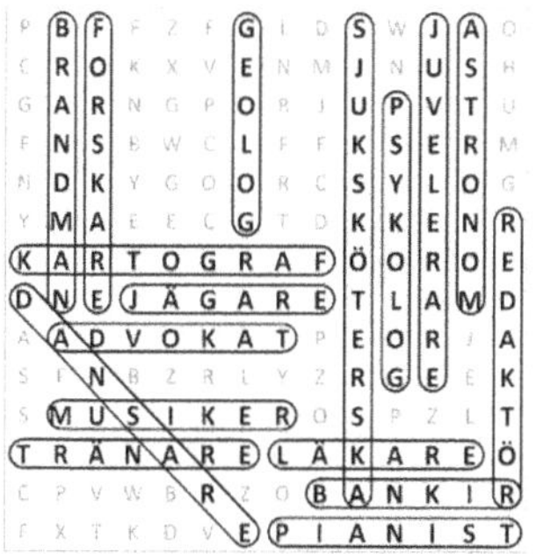

58 - Géologie

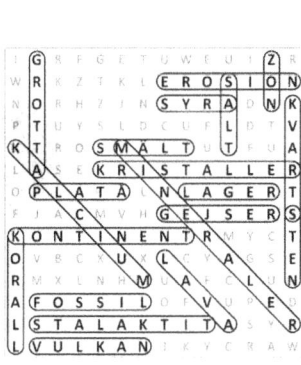

59 - Cirque

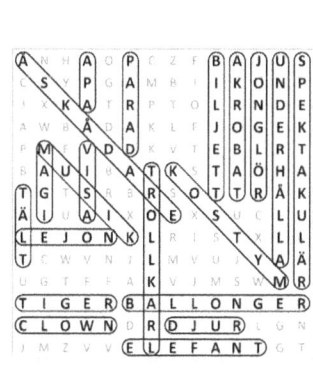

60 - Jardin

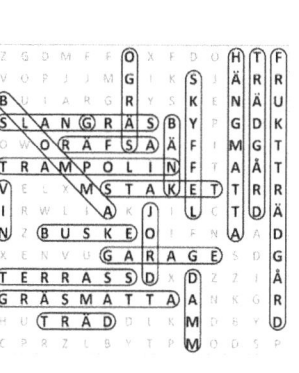

61 - Barbecues

62 - Anniversaire

63 - Animaux de Compagnie

64 - Forêt Tropicale

65 - Insectes

66 - Ferme #1

67 - Escalade

68 - École #2

69 - Antarctique

70 - Professions #2

71 - Les Abeilles

72 - Dinosaures

73 - Conduite

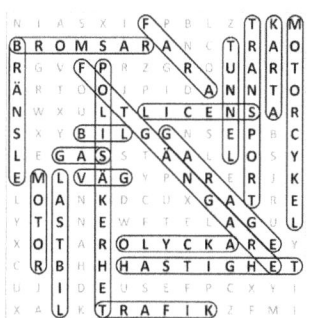

74 - Plantes

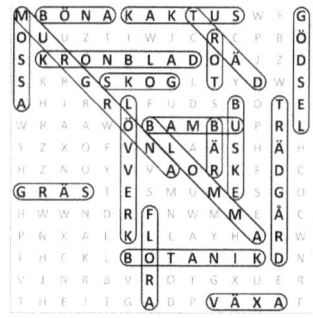

75 - Ferme #2

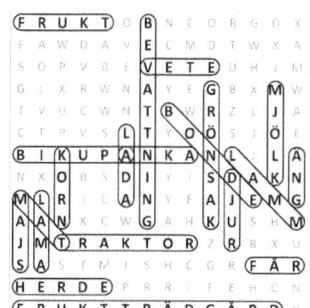

76 - École #1

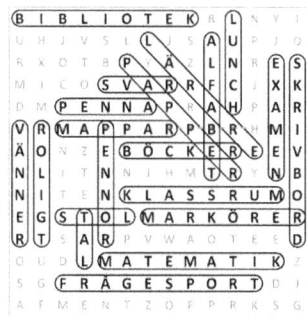

77 - Vacances #2

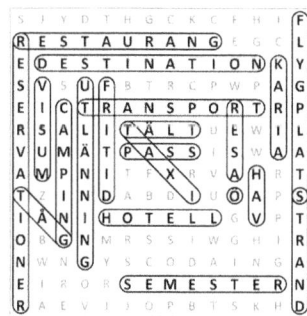

78 - Temps

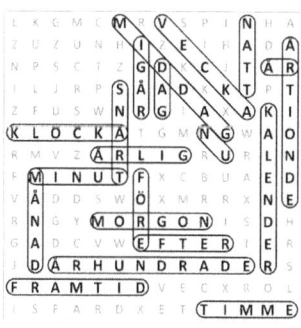

79 - Maison

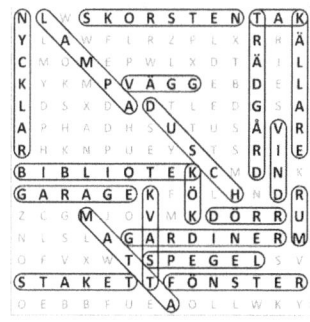

80 - Légumes

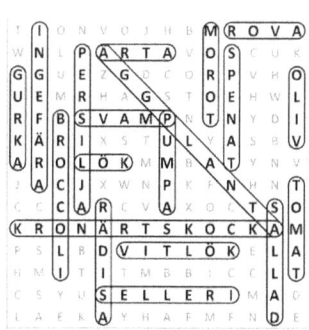

81 - Plage

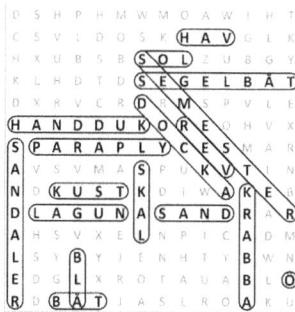

82 - Famille

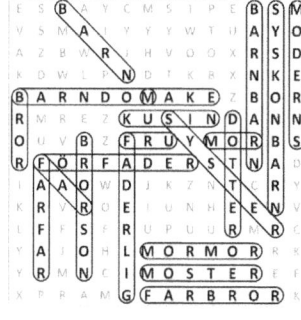

83 - Oiseaux

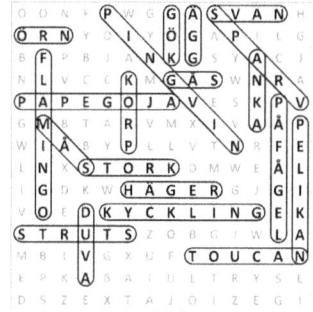

84 - Disciplines Scientifiques

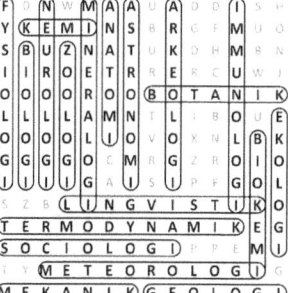

85 - Émotions

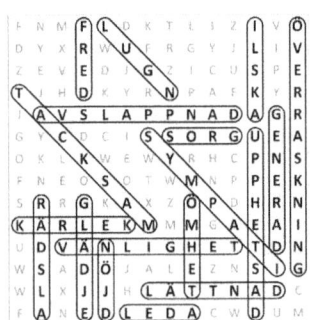

86 - Géographie

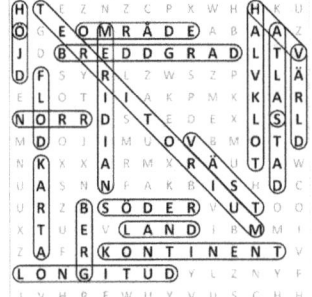

87 - Danse

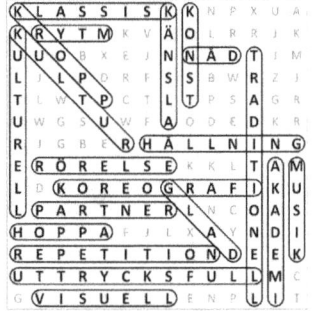

88 - Bâtiments

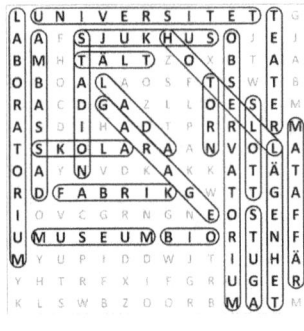

89 - Pêche

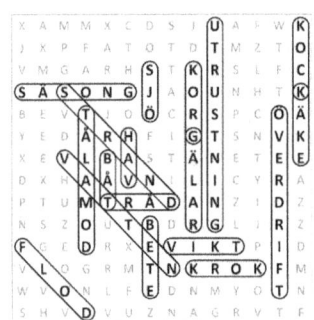

90 - Activités et Loisirs

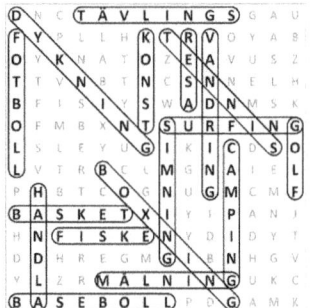

91 - Livres

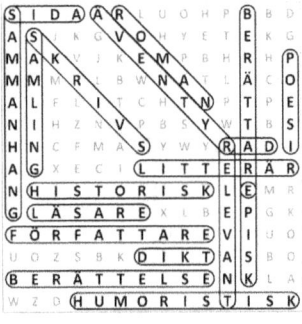

92 - Pays #2

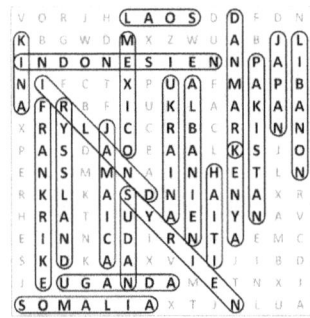

93 - Fournitures d'Art

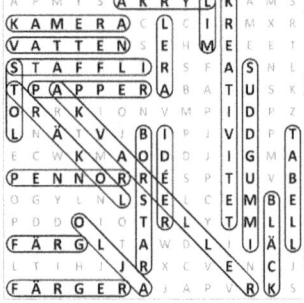

94 - Jouets

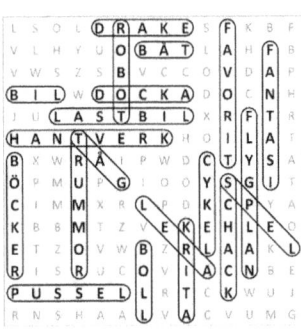

95 - Eau

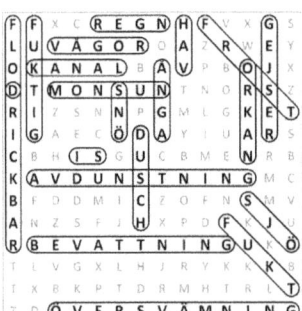

96 - Paysages

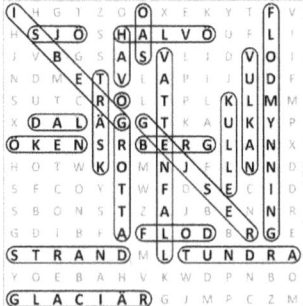

97 - Nombres

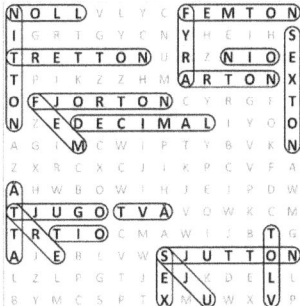

98 - Nature

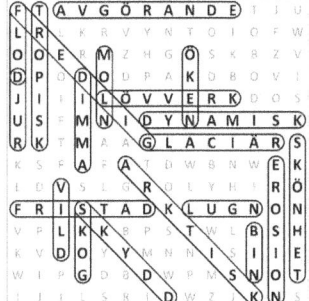

99 - Bateaux

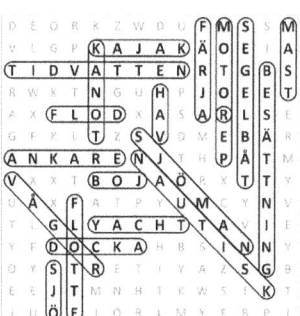

100 - Mesures

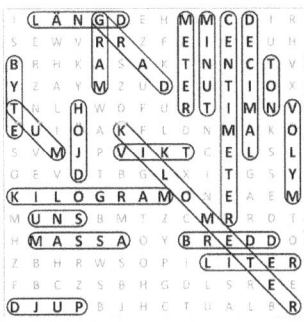

Dictionnaire

Activités
Aktiviteter

Activité	Aktivitet
Art	Konst
Artisanat	Hantverk
Camping	Camping
Céramique	Keramik
Chasse	Jakt
Compétence	Färdighet
Couture	Sömnad
Danse	Dans
Intérêts	Intressen
Jeux	Spel
Lecture	Läsning
Loisir	Fritid
Magie	Magi
Peinture	Målning
Pêche	Fiske
Photographie	Fotografi
Plaisir	Nöje
Randonnée	Vandring
Relaxation	Avkoppling

Activités et Loisirs
Aktiviteter och Fritid

Achats	Handla
Art	Konst
Base-Ball	Baseboll
Basket-Ball	Basket
Boxe	Boxning
Camping	Camping
Course	Tävlings
Football	Fotboll
Golf	Golf
Nager	Simning
Peinture	Målning
Pêche	Fiske
Plongée	Dykning
Randonnée	Vandring
Relaxant	Avkopplande
Surf	Surfing
Tennis	Tennis
Volley-Ball	Volleyboll
Voyage	Resa

Adjectifs #1
Adjektiv #1

Absolu	Absolut
Actif	Aktiv
Ambitieux	Ambitiös
Aromatique	Aromatisk
Artistique	Konstnärlig
Attractif	Attraktiv
Beau	Skön
Exotique	Exotisk
Énorme	Enorm
Généreux	Generös
Honnête	Ärlig
Identique	Identisk
Important	Viktig
Innocent	Oskyldig
Jeune	Ung
Lent	Långsam
Lourd	Tung
Mince	Tunn
Moderne	Modern
Parfait	Perfekt

Adjectifs #2
Adjektiv #2

Authentique	Autentisk
Célèbre	Känd
Créatif	Kreativ
Descriptif	Beskrivande
Doué	Begåvad
Dramatique	Dramatisk
Élégant	Elegant
Fier	Stolt
Fort	Stark
Intéressant	Intressant
Naturel	Naturlig
Nouveau	Ny
Productif	Produktiv
Puissant	Kraftfull
Pur	Ren
Responsable	Ansvarig
Sain	Friska
Salé	Salt
Sauvage	Vild
Sec	Torr

Animaux de Compagnie
Husdjur

Chat	Katt
Chaton	Kattunge
Chèvre	Get
Chien	Hund
Chiot	Valp
Collier	Krage
Eau	Vatten
Griffes	Klor
Hamster	Hamster
Laisse	Koppel
Lapin	Kanin
Lézard	Ödla
Nourriture	Mat
Perroquet	Papegoja
Poisson	Fisk
Queue	Svans
Souris	Mus
Tortue	Sköldpadda
Vache	Ko
Vétérinaire	Veterinär

Anniversaire
Födelsedag

Amis	Vänner
Amusement	Roligt
Année	År
Bougies	Ljus
Cadeau	Gåva
Calendrier	Kalender
Cartes	Kort
Chanson	Låt
Fête	Firande
Gâteau	Kaka
Heureux	Lycklig
Invitations	Inbjudningar
Jeune	Ung
Jour	Dag
Joyeux	Glad
Né	Född
Sagesse	Visdom
Spécial	Särskild
Super	Bra
Temps	Tid

Antarctique
Antarktis

Baie	Vik
Baleines	Valar
Chercheur	Forskare
Conservation	Bevarande
Continent	Kontinent
Eau	Vatten
Environnement	Miljö
Expédition	Expedition
Géographie	Geografi
Glace	Is
Glaciers	Glaciärer
Îles	Öar
Migration	Migration
Minéraux	Mineraler
Oiseaux	Fåglar
Péninsule	Halvö
Rocheux	Stenig
Scientifique	Vetenskaplig
Température	Temperatur
Topographie	Topografi

Art
Konst

Céramique	Keramik
Complexe	Komplex
Créer	Skapa
Dépeindre	Skildra
Expression	Uttryck
Figure	Figur
Honnête	Ärlig
Humeur	Humör
Inspiré	Inspirerad
Original	Original
Peintures	Målningar
Personnel	Personlig
Poésie	Poesi
Sculpture	Skulptur
Simple	Enkel
Sujet	Ämne
Surréalisme	Surrealism
Symbole	Symbol
Visuel	Visuell

Arts Visuels
Visuella Konsterna

Architecture	Arkitektur
Argile	Lera
Artiste	Konstnär
Céramique	Keramik
Charbon	Träkol
Chef-D'Œuvre	Mästerverk
Chevalet	Staffli
Cire	Vax
Craie	Krita
Crayon	Penna
Créativité	Kreativitet
Film	Film
Peinture	Målning
Perspective	Perspektiv
Photographie	Fotografi
Pochoir	Stencil
Portrait	Porträtt
Sculpture	Skulptur
Vernis	Lack

Astronomie
Astronomi

Astéroïde	Asteroid
Astronaute	Astronaut
Astronome	Astronom
Ciel	Himmel
Constellation	Konstellation
Cosmos	Kosmos
Éclipse	Förmörkelse
Équinoxe	Dagjämning
Fusée	Raket
Galaxie	Galax
Lune	Måne
Météore	Meteor
Nébuleuse	Nebulosa
Observatoire	Observatorium
Planète	Planet
Radiation	Strålning
Solaire	Sol
Supernova	Supernova
Terre	Jord
Univers	Universum

Aventure
Äventyr

Activité	Aktivitet
Beauté	Skönhet
Bravoure	Mod
Chance	Chans
Dangereux	Farlig
Destination	Destination
Difficulté	Svårighet
Enthousiasme	Entusiasm
Excursion	Utflykt
Inhabituel	Ovanlig
Itinéraire	Resväg
Joie	Glädje
Nature	Natur
Navigation	Navigering
Nouveau	Ny
Opportunité	Möjlighet
Préparation	Förberedelse
Sécurité	Säkerhet
Surprenant	Överraskande
Voyages	Resor

Avions
Flygplan

Air	Luft
Atmosphère	Atmosfär
Atterrissage	Landning
Aventure	Äventyr
Ballon	Ballong
Carburant	Bränsle
Ciel	Himmel
Construction	Konstruktion
Descente	Härkomst
Direction	Riktning
Équipage	Besättning
Gonfler	Blåsa Upp
Hauteur	Höjd
Hélices	Propeller
Histoire	Historia
Hydrogène	Väte
Moteur	Motor
Passager	Passagerare
Pilote	Pilot
Turbulence	Turbulens

Ballet
Balett

Applaudissement	Applåder
Artistique	Konstnärlig
Ballerine	Ballerina
Chorégraphie	Koreografi
Compétence	Färdighet
Compositeur	Kompositör
Danseurs	Dansare
Expressif	Uttrycksfull
Geste	Gest
Gracieux	Graciös
Intensité	Intensitet
Muscles	Muskler
Musique	Musik
Orchestre	Orkester
Pratique	Öva
Public	Publik
Répétition	Repetition
Rythme	Rytm
Style	Stil
Technique	Teknik

Barbecues
Grillar

Chaud	Varm
Couteaux	Knivar
Déjeuner	Lunch
Dîner	Middag
Enfants	Barn
Été	Sommar
Faim	Hunger
Famille	Familj
Fruit	Frukt
Gril	Grill
Jeux	Spel
Légumes	Grönsaker
Musique	Musik
Oignons	Lök
Poivre	Peppar
Poulet	Kyckling
Salades	Sallader
Sauce	Sås
Sel	Salt
Tomates	Tomater

Bateaux
Båtar

Ancre	Ankare
Bouée	Boj
Canoë	Kanot
Corde	Rep
Dock	Docka
Équipage	Besättning
Ferry	Färja
Fleuve	Flod
Kayak	Kajak
Lac	Sjö
Marée	Tidvatten
Marin	Sjöman
Mât	Mast
Mer	Hav
Moteur	Motor
Nautique	Nautisk
Radeau	Flotte
Vagues	Vågor
Voilier	Segelbåt
Yacht	Yacht

Bâtiments
Byggnader

Ambassade	Ambassad
Appartement	Lägenhet
Cabine	Stuga
Château	Slott
Cinéma	Bio
École	Skola
Garage	Garage
Grange	Lada
Hôpital	Sjukhus
Hôtel	Hotell
Laboratoire	Laboratorium
Musée	Museum
Observatoire	Observatorium
Stade	Stadion
Supermarché	Mataffär
Tente	Tält
Théâtre	Teater
Tour	Torn
Université	Universitet
Usine	Fabrik

Camping
Camping

Animaux	Djur
Aventure	Äventyr
Boussole	Kompass
Cabine	Stuga
Canoë	Kanot
Carte	Karta
Chapeau	Hatt
Chasse	Jakt
Corde	Rep
Équipement	Utrustning
Feu	Eld
Forêt	Skog
Hamac	Hängmatta
Insecte	Insekt
Lac	Sjö
Lanterne	Lykta
Lune	Måne
Montagne	Berg
Nature	Natur
Tente	Tält

Championnat
Mästerskap

Champion	Mästare
Championnat	Mästerskap
Endurance	Uthållighet
Entraîneur	Tränare
Équipe	Team
Finaliste	Finalist
Jeux	Spel
Juge	Bedöma
Ligue	Liga
Médaille	Medalj
Motivation	Motivering
Performance	Prestanda
Sports	Sport
Stratégie	Strategi
Tournoi	Turnering
Transpiration	Svett
Victoire	Seger

Chats
Katter

Chasseur	Jägare
Curieux	Nyfiken
Dormir	Sömn
Drôle	Rolig
Espiègle	Lekfull
Fil	Garn
Fou	Galen
Fourrure	Päls
Griffe	Klo
Indépendant	Oberoende
Patte	Tass
Personnalité	Personlighet
Peu	Liten
Queue	Svans
Rapide	Snabb
Sauvage	Vild
Souris	Mus
Timide	Blyg

Châteaux
Slott

Armure	Rustning
Bouclier	Sköld
Catapulte	Katapult
Cheval	Häst
Chevalier	Riddare
Couronne	Krona
Dragon	Drake
Dynastie	Dynasti
Empire	Imperium
Épée	Svärd
Féodal	Feodal
Forteresse	Fästning
Licorne	Enhörning
Mur	Vägg
Noble	Ädel
Palais	Palats
Prince	Prins
Princesse	Prinsessa
Royaume	Rike
Tour	Torn

Chocolat
Choklad

Amer	Bitter
Antioxydant	Antioxidant
Arôme	Arom
Bonbon	Godis
Cacahuètes	Jordnötter
Cacao	Kakao
Calories	Kalorier
Caramel	Kola
Délicieux	Läcker
Doux	Söt
Exotique	Exotisk
Favori	Favorit
Goût	Smak
Ingrédient	Ingrediens
Noix de Coco	Kokos
Poudre	Pulver
Qualité	Kvalitet
Recette	Recept
Sucre	Socker

Cirque
Cirkus

Acrobate	Akrobat
Animaux	Djur
Ballons	Ballonger
Billet	Biljett
Clown	Clown
Costume	Kostym
Divertir	Underhålla
Éléphant	Elefant
Jongleur	Jonglör
Lion	Lejon
Magicien	Trollkarl
Magie	Magi
Montrer	Visa
Musique	Musik
Parade	Parad
Singe	Apa
Spectaculaire	Spektakulär
Spectateur	Åskådare
Tente	Tält
Tigre	Tiger

Conduite
Körning

Accident	Olycka
Camion	Lastbil
Carburant	Bränsle
Carte	Karta
Danger	Fara
Freins	Bromsar
Garage	Garage
Gaz	Gas
Licence	Licens
Moteur	Motor
Moto	Motorcykel
Piéton	Fotgängare
Police	Polis
Route	Väg
Sécurité	Säkerhet
Trafic	Trafik
Transport	Transport
Tunnel	Tunnel
Vitesse	Hastighet
Voiture	Bil

Corps Humain
Människokroppen

Bouche	Mun
Cerveau	Hjärna
Cheville	Fotled
Cou	Hals
Coude	Armbåge
Cœur	Hjärta
Doigt	Finger
Estomac	Mage
Épaule	Axel
Genou	Knä
Lèvres	Läppar
Main	Hand
Mâchoire	Käke
Menton	Haka
Nez	Näsa
Oreille	Öra
Peau	Hud
Sang	Blod
Tête	Huvud
Visage	Ansikte

Couleurs
Färger

Beige	Beige
Blanc	Vit
Bleu	Blå
Cyan	Cyan
Fuchsia	Fuchsia
Gris	Grå
Indigo	Indigo
Jaune	Gul
Magenta	Magenta
Marron	Brun
Noir	Svart
Orange	Apelsin
Rose	Rosa
Rouge	Röd
Sépia	Sepia
Vert	Grön
Violet	Lila

Cuisine
Kök

Baguettes	Ätpinnar
Bol	Skål
Bouilloire	Vattenkokare
Congélateur	Frys
Couteaux	Knivar
Cruche	Kanna
Cuillères	Skedar
Épices	Kryddor
Éponge	Svamp
Four	Ugn
Fourchettes	Gafflar
Gril	Grill
Louche	Slev
Nourriture	Mat
Pot	Burk
Recette	Recept
Réfrigérateur	Kylskåp
Serviette	Servett
Tablier	Förkläde
Tasses	Koppar

Danse
Dansa

Académie	Akademi
Art	Konst
Chorégraphie	Koreografi
Classique	Klassisk
Corps	Kropp
Culture	Kultur
Culturel	Kulturell
Expressif	Uttrycksfull
Émotion	Känsla
Grâce	Nåd
Joyeux	Glad
Mouvement	Rörelse
Musique	Musik
Partenaire	Partner
Posture	Hållning
Répétition	Repetition
Rythme	Rytm
Saut	Hoppa
Traditionnel	Traditionell
Visuel	Visuell

Dinosaures
Dinosaurier

Ailes	Vingar
Carnivore	Rovdjur
Disparition	Försvinnande
Espèce	Art
Énorme	Enorm
Évolution	Evolution
Fossiles	Fossil
Grand	Stor
Herbivore	Växtätare
Mammouth	Mammut
Omnivore	Allätare
Préhistorique	Förhistorisk
Proie	Byte
Puissant	Kraftfull
Queue	Svans
Rapace	Rovfågel
Reptile	Reptil
Taille	Storlek
Terre	Jord
Vicieux	Ond

Disciplines Scientifiques
Vetenskapliga Discipliner

Anatomie	Anatomi
Archéologie	Arkeologi
Astronomie	Astronomi
Biochimie	Biokemi
Biologie	Biologi
Botanique	Botanik
Chimie	Kemi
Écologie	Ekologi
Géologie	Geologi
Immunologie	Immunologi
Linguistique	Lingvistik
Mécanique	Mekanik
Météorologie	Meteorologi
Minéralogie	Mineralogi
Neurologie	Neurologi
Physiologie	Fysiologi
Psychologie	Psykologi
Sociologie	Sociologi
Thermodynamique	Termodynamik
Zoologie	Zoologi

Eau
Vatten

Canal	Kanal
Douche	Dusch
Évaporation	Avdunstning
Fleuve	Flod
Gel	Frost
Geyser	Gejser
Glace	Is
Humide	Fuktig
Humidité	Fukt
Inondation	Översvämning
Irrigation	Bevattning
Lac	Sjö
Mousson	Monsun
Neige	Snö
Océan	Hav
Ouragan	Orkan
Pluie	Regn
Potable	Drickbar
Vagues	Vågor
Vapeur	Ånga

Escalade
Klättring

Altitude	Höjd
Atmosphère	Atmosfär
Blessure	Skada
Bottes	Stövlar
Carte	Karta
Casque	Hjälm
Curiosité	Nyfikenhet
Défis	Utmaningar
Expert	Expert
Étroit	Smal
Force	Styrka
Formation	Träning
Gants	Handskar
Grotte	Grotta
Guides	Guide
Physique	Fysisk
Randonnée	Vandring
Stabilité	Stabilitet
Terrain	Terräng

Exploration
Prospektering

Activité	Aktivitet
Animaux	Djur
Courage	Mod
Cultures	Kulturer
Dangers	Risker
Découverte	Upptäckt
Détermination	Bestämning
Espace	Rymd
Excitation	Spänning
Épuisement	Utmattning
Inconnu	Okänd
Langue	Språk
Lointain	Avlägsen
Nouveau	Ny
Périlleux	Farlig
Sauvage	Vild
Terrain	Terräng
Voyage	Resa

Échecs
Schack

Adversaire	Motståndare
Blanc	Vit
Champion	Mästare
Concours	Tävling
Défis	Utmaningar
Diagonal	Diagonal
Jeu	Spel
Joueur	Spelare
Noir	Svart
Passif	Passiv
Points	Poäng
Reine	Drottning
Règles	Regler
Roi	Kung
Sacrifice	Offra
Stratégie	Strategi
Temps	Tid
Tournoi	Turnering

École #1
Skola # 1

Alphabet	Alfabet
Amis	Vänner
Amusement	Roligt
Bibliothèque	Bibliotek
Bureau	Skrivbord
Chaise	Stol
Crayon	Penna
Des Stylos	Pennor
Déjeuner	Lunch
Dossiers	Mappar
Enseignant	Lärare
Examens	Examen
Livres	Böcker
Marqueurs	Markörer
Math	Matematik
Nombres	Tal
Papier	Papper
Quiz	Frågesport
Réponses	Svar
Salle de Classe	Klassrum

École #2
Skola #2

Activités	Aktiviteter
Apprentissage	Lärande
Bibliothèque	Bibliotek
Bus	Buss
Calendrier	Kalender
Ciseaux	Sax
Crayon	Penna
Devoirs	Läxa
Dictionnaire	Ordbok
Enseignant	Lärare
Écriture	Skrift
Éducation	Utbildning
Grammaire	Grammatik
Jeux	Spel
Lecture	Läsning
Littérature	Litteratur
Livres	Böcker
Ordinateur	Dator
Papier	Papper
Science	Vetenskap

Écologie
Ekologi

Bénévoles	Frivilliga
Climat	Klimat
Communautés	Samhällen
Diversité	Mångfald
Durable	Hållbar
Espèce	Art
Faune	Fauna
Flore	Flora
Habitat	Livsmiljö
Marais	Kärr
Marin	Marin
Montagnes	Berg
Nature	Natur
Naturel	Naturlig
Plantes	Växter
Ressources	Medel
Sécheresse	Torka
Survie	Överlevnad
Variété	Mängd
Végétation	Vegetation

Émotions
Känslor

Amour	Kärlek
Colère	Ilska
Contenu	Innehåll
Détendu	Avslappnad
Embarrassé	Generad
Ennui	Leda
Excité	Upphetsad
Gentillesse	Vänlighet
Joie	Glädje
Paix	Fred
Peur	Rädsla
Reconnaissant	Tacksam
Relief	Lättnad
Satisfait	Nöjd
Surprise	Överraskning
Sympathie	Sympati
Tendresse	Ömhet
Tranquillité	Lugn
Tristesse	Sorg

Épices
Kryddor

Aigre	Sur
Ail	Vitlök
Amer	Bitter
Anis	Anis
Cannelle	Kanel
Cardamome	Kardemumma
Coriandre	Koriander
Cumin	Kummin
Curry	Curry
Fenouil	Fänkål
Gingembre	Ingefära
Muscade	Muskot
Oignon	Lök
Paprika	Paprika
Poivre	Peppar
Réglisse	Lakrits
Safran	Saffran
Saveur	Smak
Sel	Salt
Vanille	Vanilj

Été
Sommaren

Amis	Vänner
Camping	Camping
Étoiles	Stjärnor
Famille	Familj
Jardin	Trädgård
Jeux	Spel
Joie	Glädje
Livres	Böcker
Loisir	Fritid
Mer	Hav
Musique	Musik
Nourriture	Mat
Plage	Strand
Plongée	Dykning
Relaxation	Avkoppling
Sandales	Sandaler
Vacances	Semester
Voyage	Resa

Famille
Familj

Ancêtre	Förfader
Cousin	Kusin
Enfance	Barndom
Enfant	Barn
Femme	Fru
Fille	Dotter
Frère	Bror
Grand-Mère	Mormor
Grand-Père	Farfar
Mari	Make
Maternel	Moderns
Mère	Mor
Neveu	Brorson
Nièce	Syskonbarn
Oncle	Farbror
Paternel	Faderlig
Petit-Fils	Barnbarn
Père	Far
Soeur	Syster
Tante	Moster

Ferme #1
Gård #1

Abeille	Bi
Agriculture	Jordbruk
Âne	Åsna
Bison	Bisonoxe
Champ	Fält
Chat	Katt
Cheval	Häst
Chèvre	Get
Chien	Hund
Clôture	Staket
Corbeau	Kråka
Eau	Vatten
Engrais	Gödsel
Foin	Hö
Miel	Honung
Poulet	Kyckling
Riz	Ris
Troupeau	Flock
Vache	Ko
Veau	Kalv

Ferme #2
Gård #2

Agneau	Lamm
Agriculteur	Bonde
Animaux	Djur
Berger	Herde
Blé	Vete
Canard	Anka
Fruit	Frukt
Grange	Lada
Irrigation	Bevattning
Lait	Mjölk
Lama	Lama
Légume	Grönsak
Maïs	Majs
Mouton	Får
Nourriture	Mat
Orge	Korn
Pré	Äng
Ruche	Bikupa
Tracteur	Traktor
Verger	Fruktträdgård

Fleurs
Blommor

Bouquet	Bukett
Gardénia	Gardenia
Hibiscus	Hibiskus
Jasmin	Jasmin
Jonquille	Påsklilja
Lavande	Lavendel
Lilas	Lila
Lys	Lilja
Magnolia	Magnolia
Marguerite	Tusensköna
Orchidée	Orkidé
Passiflore	Passionflower
Pavot	Vallmo
Pétale	Kronblad
Pissenlit	Maskros
Pivoine	Pion
Plumeria	Plumeria
Tournesol	Solros
Trèfle	Klöver
Tulipe	Tulpan

Forêt Tropicale
Regnskog

Amphibiens	Amfibier
Botanique	Botanisk
Climat	Klimat
Communauté	Gemenskap
Diversité	Mångfald
Espèce	Art
Indigène	Inhemsk
Insectes	Insekter
Jungle	Djungel
Mammifères	Däggdjur
Mousse	Mossa
Nature	Natur
Nuage	Moln
Oiseaux	Fåglar
Précieux	Värdefull
Préservation	Bevarande
Refuge	Tillflykt
Respect	Respekt
Restauration	Restaurering
Survie	Överlevnad

Formes
Former

Arc	Båge
Bords	Kanter
Carré	Torg
Cercle	Cirkel
Coin	Hörn
Courbe	Kurva
Cône	Kon
Côté	Sida
Cube	Kub
Cylindre	Cylinder
Ellipse	Ellips
Hyperbole	Hyperbel
Ligne	Linje
Ovale	Oval
Polygone	Polygon
Prisme	Prisma
Pyramide	Pyramid
Rectangle	Rektangel
Sphère	Sfär
Triangle	Triangel

Fournitures d'Art
Konstmaterial

Acrylique	Akryl
Aquarelles	Akvareller
Argile	Lera
Brosses	Borstar
Caméra	Kamera
Chaise	Stol
Charbon	Träkol
Chevalet	Staffli
Colle	Lim
Couleurs	Färger
Crayons	Pennor
Créativité	Kreativitet
Eau	Vatten
Encre	Bläck
Gomme	Suddgummi
Huile	Olja
Idées	Idéer
Papier	Papper
Peinture	Färg
Table	Tabell

Fruit
Frukt

Abricot	Aprikos
Ananas	Ananas
Avocat	Avokado
Baie	Bär
Banane	Banan
Cerise	Körsbär
Citron	Citron
Figue	Fikon
Framboise	Hallon
Goyave	Guava
Kiwi	Kiwi
Mangue	Mango
Melon	Melon
Nectarine	Nektarin
Orange	Apelsin
Papaye	Papaya
Pêche	Persika
Poire	Päron
Pomme	Äpple
Raisin	Druva

Gentillesse
Vänlighet

Aimant	Kärleksfull
Amical	Vänlig
Attentif	Uppmärksam
Authentique	Äkta
Compatissant	Medlidsam
Compréhension	Förståelse
Doux	Mild
Fiable	Pålitlig
Généreux	Generös
Heureux	Lycklig
Honnête	Ärlig
Hospitalier	Gästfri
Patient	Patient
Respectueux	Respektfull
Réceptif	Mottaglig
Tolérant	Tolerant
Utile	Hjälpsam

Géographie
Geografi

Altitude	Höjd
Atlas	Atlas
Carte	Karta
Continent	Kontinent
Fleuve	Flod
Hémisphère	Halvklot
Île	Ö
Latitude	Breddgrad
Longitude	Longitud
Mer	Hav
Méridien	Meridian
Monde	Värld
Montagne	Berg
Nord	Norr
Ouest	Väst
Pays	Land
Région	Område
Sud	Söder
Territoire	Territorium
Ville	Stad

Géologie
Geologi

Acide	Syra
Calcium	Kalcium
Caverne	Grotta
Continent	Kontinent
Corail	Korall
Couche	Lager
Cristaux	Kristaller
Érosion	Erosion
Fondu	Smält
Fossile	Fossil
Geyser	Gejser
Lave	Lava
Minéraux	Mineraler
Pierre	Sten
Plateau	Platå
Quartz	Kvarts
Sel	Salt
Stalactite	Stalaktit
Volcan	Vulkan
Zone	Zon

Herboristerie
Herbalism

Ail	Vitlök
Aromatique	Aromatisk
Basilic	Basilika
Bénéfique	Välgörande
Culinaire	Kulinarisk
Estragon	Dragon
Fenouil	Fänkål
Fleur	Blomma
Ingrédient	Ingrediens
Jardin	Trädgård
Lavande	Lavendel
Marjolaine	Mejram
Menthe	Mynta
Persil	Persilja
Qualité	Kvalitet
Romarin	Rosmarin
Safran	Saffran
Saveur	Smak
Thym	Timjan
Vert	Grön

Insectes
Insekter

Abeille	Bi
Cafard	Kackerlacka
Cigale	Cikada
Coccinelle	Nyckelpiga
Fourmi	Myra
Frelon	Bålgeting
Guêpe	Geting
Larve	Larv
Libellule	Trollslända
Mante	Bönsyrsa
Moustique	Mygga
Papillon	Fjäril
Puce	Loppa
Puceron	Bladlus
Sauterelle	Gräshoppa
Scarabée	Skalbagge
Termite	Termit
Ver	Mask

Instruments de Musique
Musikinstrument

Banjo	Banjo
Basson	Fagott
Clarinette	Klarinett
Flûte	Flöjt
Gong	Gong
Guitare	Gitarr
Harmonica	Munspel
Harpe	Harpa
Hautbois	Oboe
Mandoline	Mandolin
Marimba	Marimba
Percussion	Slagverk
Piano	Piano
Saxophone	Saxofon
Tambour	Trumma
Tambourin	Tamburin
Trombone	Trombon
Trompette	Trumpet
Violon	Fiol
Violoncelle	Cello

Jardin
Trädgård

Arbre	Träd
Banc	Bänk
Buisson	Buske
Clôture	Staket
Étang	Damm
Fleur	Blomma
Garage	Garage
Hamac	Hängmatta
Herbe	Gräs
Jardin	Trädgård
Mauvaises Herbes	Ogräs
Pelle	Skyffel
Pelouse	Gräsmatta
Râteau	Räfsa
Sol	Jord
Terrasse	Terrass
Trampoline	Trampolin
Tuyau	Slang
Verger	Fruktträdgård
Vigne	Vin

Jouets
Leksaker

Argile	Lera
Artisanat	Hantverk
Avion	Flygplan
Balle	Boll
Bateau	Båt
Camion	Lastbil
Cerf-Volant	Drake
Crayons	Krita
Échecs	Schack
Favori	Favorit
Imagination	Fantasi
Jeux	Spel
Livres	Böcker
Poupée	Docka
Puzzle	Pussel
Robot	Robot
Tambours	Trummor
Train	Tåg
Vélo	Cykel
Voiture	Bil

Jours et Mois
Dagar och Månader

Août	Augusti
Avril	April
Calendrier	Kalender
Dimanche	Söndag
Février	Februari
Janvier	Januari
Jeudi	Torsdag
Juillet	Juli
Juin	Juni
Lundi	Måndag
Mardi	Tisdag
Mars	Mars
Mercredi	Onsdag
Mois	Månad
Novembre	November
Octobre	Oktober
Samedi	Lördag
Semaine	Vecka
Septembre	September
Vendredi	Fredag

Les Abeilles
Bin

Ailes	Vingar
Bénéfique	Välgörande
Cire	Vax
Diversité	Mångfald
Essaim	Svärm
Écosystème	Ekosystem
Fleur	Blomma
Fleurs	Blommor
Fruit	Frukt
Fumée	Rök
Habitat	Livsmiljö
Insecte	Insekt
Jardin	Trädgård
Miel	Honung
Nourriture	Mat
Plantes	Växter
Pollen	Pollen
Reine	Drottning
Ruche	Bikupa
Soleil	Sol

Légumes
Grönsaker

Ail	Vitlök
Artichaut	Kronärtskocka
Aubergine	Äggplanta
Brocoli	Broccoli
Carotte	Morot
Céleri	Selleri
Champignon	Svamp
Citrouille	Pumpa
Concombre	Gurka
Échalote	Schalottenlök
Épinard	Spenat
Gingembre	Ingefära
Navet	Rova
Oignon	Lök
Olive	Oliv
Persil	Persilja
Pois	Ärta
Radis	Rädisa
Salade	Sallad
Tomate	Tomat

Littérature
Litteratur

Analogie	Analogi
Analyse	Analys
Anecdote	Anekdot
Auteur	Författare
Biographie	Biografi
Comparaison	Jämförelse
Conclusion	Slutsats
Description	Beskrivning
Dialogue	Dialog
Métaphore	Metafor
Narrateur	Berättare
Opinion	Åsikt
Poème	Dikt
Poétique	Poetisk
Rime	Rim
Roman	Roman
Rythme	Rytm
Style	Stil
Thème	Tema
Tragédie	Tragedi

Livres
Böcker

Auteur	Författare
Aventure	Äventyr
Collection	Samling
Contexte	Sammanhang
Dualité	Dualitet
Écrit	Skrivs
Épique	Episk
Histoire	Berättelse
Historique	Historisk
Humoristique	Humoristisk
Lecteur	Läsare
Littéraire	Litterär
Narrateur	Berättare
Page	Sida
Pertinent	Relevant
Poème	Dikt
Poésie	Poesi
Roman	Roman
Série	Rad
Tragique	Tragisk

Maison
Hus

Balai	Kvast
Bibliothèque	Bibliotek
Chambre	Rum
Cheminée	Skorsten
Clés	Nycklar
Clôture	Staket
Cuisine	Kök
Douche	Dusch
Fenêtre	Fönster
Garage	Garage
Grenier	Vind
Jardin	Trädgård
Lampe	Lampa
Miroir	Spegel
Mur	Vägg
Porte	Dörr
Rideaux	Gardiner
Sous-Sol	Källare
Tapis	Matta
Toit	Tak

Mammifères
Däggdjur

Baleine	Val
Chat	Katt
Cheval	Häst
Chien	Hund
Coyote	Prärievarg
Dauphin	Delfin
Éléphant	Elefant
Girafe	Giraff
Gorille	Gorilla
Kangourou	Känguru
Lapin	Kanin
Lion	Lejon
Loup	Varg
Mouton	Får
Ours	Björn
Renard	Räv
Singe	Apa
Taureau	Tjur
Tigre	Tiger
Zèbre	Zebra

Mathématiques
Matematik

Angles	Vinklar
Arithmétique	Aritmetisk
Carré	Torg
Circonférence	Omkrets
Décimal	Decimal
Diamètre	Diameter
Exposant	Exponent
Équation	Ekvation
Fraction	Fraktion
Géométrie	Geometri
Parallèle	Parallell
Perpendiculaire	Vinkelrät
Polygone	Polygon
Rayon	Radie
Rectangle	Rektangel
Somme	Summa
Sphère	Sfär
Symétrie	Symmetri
Triangle	Triangel
Volume	Volym

Mesures
Mått

Centimètre	Centimeter
Degré	Grad
Décimal	Decimal
Gramme	Gram
Hauteur	Höjd
Kilogramme	Kilogram
Kilomètre	Kilometer
Largeur	Bredd
Litre	Liter
Longueur	Längd
Masse	Massa
Mètre	Meter
Minute	Minut
Octet	Byte
Once	Uns
Poids	Vikt
Pouce	Tum
Profondeur	Djup
Tonne	Ton
Volume	Volym

Meubles
Möbler

Banc	Bänk
Bibliothèque	Bokhylla
Bureau	Skrivbord
Canapé	Soffa
Chaise	Stol
Commode	Byrå
Coussins	Kuddar
Étagères	Hyllor
Fauteuil	Fåtölj
Futon	Futon
Hamac	Hängmatta
Lampe	Lampa
Lit	Säng
Matelas	Madrass
Miroir	Spegel
Oreiller	Kudde
Rideaux	Gardiner
Tapis	Matta

Méditation
Meditation

Acceptation	Godkännande
Attention	Uppmärksamhet
Calme	Lugn
Clarté	Klarhet
Compassion	Medkänsla
Émotions	Känslor
Éveillé	Vaken
Gentillesse	Vänlighet
Gratitude	Tacksamhet
Habitudes	Vanor
Mental	Psykisk
Mouvement	Rörelse
Musique	Musik
Nature	Natur
Observation	Observation
Paix	Fred
Perspective	Perspektiv
Posture	Hållning
Respiration	Andas
Silence	Tystnad

Météo
Väder

Arc-En-Ciel	Regnbåge
Atmosphère	Atmosfär
Brise	Bris
Brouillard	Dimma
Calme	Lugn
Ciel	Himmel
Climat	Klimat
Glace	Is
Mousson	Monsun
Nuage	Moln
Ouragan	Orkan
Polaire	Polära
Sec	Torr
Sécheresse	Torka
Température	Temperatur
Tempête	Storm
Tonnerre	Åska
Tornade	Tromb
Tropical	Tropisk
Vent	Vind

Mythologie
Mytologi

Archétype	Arketyp
Catastrophe	Katastrof
Comportement	Beteende
Création	Skapande
Créature	Varelse
Croyances	Tro
Culture	Kultur
Éclair	Blixt
Force	Styrka
Guerrier	Krigare
Héros	Hjälte
Immortalité	Odödlighet
Jalousie	Svartsjuka
Labyrinthe	Labyrint
Légende	Legend
Magique	Magisk
Monstre	Monster
Mortel	Dödlig
Tonnerre	Åska
Vengeance	Hämnd

Nature
Natur

Abeilles	Bin
Abri	Skydd
Animaux	Djur
Arctique	Arktisk
Beauté	Skönhet
Brouillard	Dimma
Désert	Öken
Dynamique	Dynamisk
Érosion	Erosion
Feuillage	Lövverk
Fleuve	Flod
Forêt	Skog
Glacier	Glaciär
Nuage	Moln
Paisible	Fredlig
Sanctuaire	Fristad
Sauvage	Vild
Serein	Lugn
Tropical	Tropisk
Vital	Avgörande

Nombres
Nummer

Cinq	Fem
Deux	Två
Décimal	Decimal
Dix	Tio
Dix-Huit	Arton
Dix-Neuf	Nitton
Dix-Sept	Sjutton
Douze	Tolv
Huit	Åtta
Neuf	Nio
Quatorze	Fjorton
Quatre	Fyra
Quinze	Femton
Seize	Sexton
Sept	Sju
Six	Sex
Treize	Tretton
Trois	Tre
Vingt	Tjugo
Zéro	Noll

Nourriture #1
Mat #1

Ail	Vitlök
Basilic	Basilika
Café	Kaffe
Cannelle	Kanel
Carotte	Morot
Citron	Citron
Épinard	Spenat
Fraise	Jordgubb
Jus	Juice
Lait	Mjölk
Navet	Rova
Oignon	Lök
Orge	Korn
Poire	Päron
Salade	Sallad
Sel	Salt
Soupe	Soppa
Sucre	Socker
Thon	Tonfisk
Viande	Kött

Nourriture #2
Mat #2

Amande	Mandel
Aubergine	Äggplanta
Banane	Banan
Blé	Vete
Brocoli	Broccoli
Cerise	Körsbär
Céleri	Selleri
Champignon	Svamp
Chocolat	Choklad
Jambon	Skinka
Kiwi	Kiwi
Mangue	Mango
Oeuf	Ägg
Pain	Bröd
Poisson	Fisk
Pomme	Äpple
Poulet	Kyckling
Raisin	Druva
Riz	Ris
Tomate	Tomat

Nutrition
Näring

Amer	Bitter
Appétit	Aptit
Calories	Kalorier
Comestible	Ätlig
Diète	Kost
Digestion	Matsmältning
Épices	Kryddor
Équilibré	Balanserad
Fermentation	Jäsning
Glucides	Kolhydrater
Liquides	Vätskor
Poids	Vikt
Protéines	Proteiner
Qualité	Kvalitet
Sain	Friska
Santé	Hälsa
Sauce	Sås
Saveur	Smak
Toxine	Toxin
Vitamine	Vitamin

Océan
Hav

Algue	Tång
Anguille	Ål
Baleine	Val
Bateau	Båt
Corail	Korall
Crabe	Krabba
Crevette	Räka
Dauphin	Delfin
Éponge	Svamp
Huître	Ostron
Méduse	Manet
Poisson	Fisk
Poulpe	Bläckfisk
Requin	Haj
Récif	Rev
Sel	Salt
Tempête	Storm
Thon	Tonfisk
Tortue	Sköldpadda
Vagues	Vågor

Oiseaux
Fåglar

Aigle	Örn
Autruche	Struts
Canard	Anka
Cigogne	Stork
Colombe	Duva
Corbeau	Korp
Coucou	Gök
Cygne	Svan
Flamant	Flamingo
Héron	Häger
Manchot	Pingvin
Moineau	Sparv
Mouette	Mås
Oeuf	Ägg
Oie	Gås
Paon	Påfågel
Perroquet	Papegoja
Pélican	Pelikan
Poulet	Kyckling
Toucan	Toucan

Pays #2
Länder #2

Albanie	Albanien
Chine	Kina
Danemark	Danmark
France	Frankrike
Haïti	Haiti
Indonésie	Indonesien
Irlande	Irland
Jamaïque	Jamaica
Japon	Japan
Kenya	Kenya
Laos	Laos
Liban	Libanon
Mexique	Mexico
Ouganda	Uganda
Pakistan	Pakistan
Russie	Ryssland
Somalie	Somalia
Soudan	Sudan
Syrie	Syrien
Ukraine	Ukraina

Paysages
Landskap

Cascade	Vattenfall
Colline	Kulle
Désert	Öken
Estuaire	Flodmynning
Fleuve	Flod
Geyser	Gejser
Glacier	Glaciär
Grotte	Grotta
Iceberg	Isberg
Île	Ö
Lac	Sjö
Marais	Träsk
Mer	Hav
Montagne	Berg
Oasis	Oas
Péninsule	Halvö
Plage	Strand
Toundra	Tundra
Vallée	Dal
Volcan	Vulkan

Pêche
Fiske

Appât	Bete
Bateau	Båt
Branchies	Gälar
Crochet	Krok
Cuire	Kock
Eau	Vatten
Exagération	Överdrift
Équipement	Utrustning
Fil	Tråd
Fleuve	Flod
Lac	Sjö
Mâchoire	Käke
Océan	Hav
Panier	Korg
Patience	Tålamod
Plage	Strand
Poids	Vikt
Saison	Säsong

Pirates
Pirater

Ancre	Ankare
Aventure	Äventyr
Capitaine	Kapten
Carte	Karta
Cicatrice	Ärr
Danger	Fara
Drapeau	Flagga
Épée	Svärd
Équipage	Besättning
Grotte	Grotta
Île	Ö
Légende	Legend
Mauvais	Dålig
Océan	Hav
Or	Guld
Perroquet	Papegoja
Pièces	Mynt
Plage	Strand
Rhum	Rom
Trésor	Skatt

Plage
Strand

Bateau	Båt
Bleu	Blå
Coquilles	Skal
Côte	Kust
Crabe	Krabba
Dock	Docka
Île	Ö
Lagune	Lagun
Mer	Hav
Parapluie	Paraply
Récif	Rev
Sable	Sand
Sandales	Sandaler
Serviette	Handduk
Soleil	Sol
Vacances	Semester
Voilier	Segelbåt

Plantes
Växter

Arbre	Träd
Baie	Bär
Bambou	Bambu
Botanique	Botanik
Buisson	Buske
Cactus	Kaktus
Engrais	Gödsel
Feuillage	Lövverk
Fleur	Blomma
Flore	Flora
Forêt	Skog
Grandir	Växa
Haricot	Böna
Herbe	Gräs
Jardin	Trädgård
Lierre	Murgröna
Mousse	Mossa
Pétale	Kronblad
Racine	Rot
Végétation	Vegetation

Professions #1
Yrken # 1

Ambassadeur	Ambassadör
Astronome	Astronom
Avocat	Advokat
Banquier	Bankir
Bijoutier	Juvelerare
Cartographe	Kartograf
Chasseur	Jägare
Danseur	Dansare
Entraîneur	Tränare
Éditeur	Redaktör
Géologue	Geolog
Infirmière	Sjuksköterska
Médecin	Läkare
Musicien	Musiker
Pianiste	Pianist
Plombier	Rörmokare
Pompier	Brandman
Psychologue	Psykolog
Scientifique	Forskare
Vétérinaire	Veterinär

Professions #2
Yrken # 2

Astronaute	Astronaut
Bibliothécaire	Bibliotekarie
Biologiste	Biolog
Chercheur	Forskare
Chirurgien	Kirurg
Dentiste	Tandläkare
Détective	Detektiv
Enquêteur	Utredare
Enseignant	Lärare
Illustrateur	Illustratör
Ingénieur	Ingenjör
Inventeur	Uppfinnare
Journaliste	Journalist
Linguiste	Lingvist
Médecin	Läkare
Peintre	Målare
Philosophe	Filosof
Photographe	Fotograf
Pilote	Pilot
Zoologiste	Zoolog

Randonnée
Vandring

Animaux	Djur
Bottes	Stövlar
Camping	Camping
Carte	Karta
Climat	Klimat
Eau	Vatten
Falaise	Klippa
Fatigué	Trött
Guides	Guide
Lourd	Tung
Météo	Väder
Montagne	Berg
Nature	Natur
Orientation	Orientering
Parcs	Parker
Pierres	Stenar
Préparation	Förberedelse
Sauvage	Vild
Soleil	Sol
Sommet	Toppmöte

Remplir
För att Fylla

Baril	Fat
Bouteille	Flaska
Carton	Kartong
Dossier	Mapp
Enveloppe	Kuvert
Navire	Fartyg
Panier	Korg
Paquet	Paket
Plateau	Bricka
Poche	Ficka
Pot	Burk
Sac	Väska
Seau	Hink
Tiroir	Låda
Tube	Rör
Valise	Resväska
Vase	Vas

Restaurant #1
Restaurang # 1

Allergie	Allergi
Assiette	Platta
Bol	Skål
Café	Kaffe
Caissier	Kassör
Couteau	Kniv
Cuisine	Kök
Dessert	Efterrätt
Épicé	Kryddad
Ingrédients	Ingredienser
Menu	Meny
Nourriture	Mat
Pain	Bröd
Poulet	Kyckling
Réservation	Bokning
Sauce	Sås
Serveuse	Servitris
Serviette	Servett
Viande	Kött

Restaurant #2
Restaurang nr 2

Boisson	Dryck
Chaise	Stol
Cuillère	Sked
Déjeuner	Lunch
Délicieux	Läcker
Dîner	Middag
Eau	Vatten
Épices	Kryddor
Fourchette	Gaffel
Fruit	Frukt
Gâteau	Kaka
Glace	Is
Légumes	Grönsaker
Nouilles	Nudlar
Oeuf	Ägg
Poisson	Fisk
Salade	Sallad
Sel	Salt
Serveur	Servitör
Soupe	Soppa

Salle de Bains
Badrum

Bain	Bad
Bulles	Bubblor
Ciseaux	Sax
Douche	Dusch
Eau	Vatten
Éponge	Svamp
Évier	Sjunka
Lotion	Lotion
Miroir	Spegel
Parfum	Parfym
Robinet	Kran
Savon	Tvål
Serviette	Handduk
Shampooing	Schampo
Tapis	Matta
Toilette	Toalett
Vapeur	Ånga

Science
Vetenskap

Atome	Atom
Chimique	Kemisk
Climat	Klimat
Données	Data
Expérience	Experiment
Évolution	Evolution
Fait	Faktum
Fossile	Fossil
Gravité	Allvar
Hypothèse	Hypotes
Laboratoire	Laboratorium
Méthode	Metod
Minéraux	Mineraler
Molécules	Molekyler
Nature	Natur
Observation	Observation
Organisme	Organism
Particules	Partiklar
Physique	Fysik
Scientifique	Forskare

Science-Fiction
Science Fiction

Atomique	Atom
Cinéma	Bio
Explosion	Explosion
Extrême	Extrem
Fantastique	Fantastisk
Feu	Eld
Futuriste	Trogen
Galaxie	Galax
Illusion	Illusion
Imaginaire	Imaginär
Livres	Böcker
Monde	Värld
Mystérieux	Mystisk
Oracle	Orakel
Planète	Planet
Réaliste	Realistisk
Robots	Robotar
Scénario	Scenario
Technologie	Teknik
Utopie	Utopi

Sports
Sporter

Arbitre	Domare
Athlète	Idrottare
Base-Ball	Baseboll
Basket-Ball	Basket
Championnat	Mästerskap
Entraîneur	Tränare
Équipe	Team
Gagnant	Vinnare
Golf	Golf
Gymnase	Gymnasium
Gymnastique	Gymnastik
Hockey	Hockey
Jeu	Spel
Joueur	Spelare
Mouvement	Rörelse
Stade	Stadion
Tennis	Tennis
Vélo	Cykel

Surf
Surfa

Amusement	Roligt
Athlète	Idrottare
Champion	Mästare
Débutant	Nybörjare
Estomac	Mage
Extrême	Extrem
Force	Styrka
Foules	Folkmassor
Météo	Väder
Mousse	Skum
Océan	Hav
Pagaie	Paddla
Plage	Strand
Populaire	Populär
Récif	Rev
Style	Stil
Vague	Våg
Vitesse	Hastighet

Technologie
Teknologi

Affichage	Visa
Blog	Blogg
Caméra	Kamera
Curseur	Markör
Données	Data
Écran	Skärm
Fichier	Fil
Internet	Internet
Logiciel	Programvara
Message	Meddelande
Numérique	Digital
Octets	Byte
Ordinateur	Dator
Police	Teckensnitt
Recherche	Forskning
Sécurité	Säkerhet
Statistiques	Statistik
Virtuel	Virtuell
Virus	Virus

Temps
Tid

Année	År
Annuel	Årlig
Après	Efter
Avant	Före
Bientôt	Snart
Calendrier	Kalender
Décennie	Årtionde
Futur	Framtid
Heure	Timme
Hier	Igår
Horloge	Klocka
Jour	Dag
Maintenant	Nu
Matin	Morgon
Midi	Middag
Minute	Minut
Mois	Månad
Nuit	Natt
Semaine	Vecka
Siècle	Århundrade

Types de Cheveux
Hårtyper

Argent	Silver
Blanc	Vit
Blond	Blond
Boucles	Lockar
Brillant	Skinande
Chauve	Skallig
Coloré	Färgad
Court	Kort
Doux	Mjuk
Épais	Tjock
Frisé	Lockigt
Gris	Grå
Long	Lång
Marron	Brun
Mince	Tunn
Noir	Svart
Ondulé	Vågig
Sain	Friska
Sec	Torr
Tressé	Flätad

Vacances #2
Semester # 2

Aéroport	Flygplats
Camping	Camping
Carte	Karta
Destination	Destination
Étranger	Utlänning
Hôtel	Hotell
Île	Ö
Loisir	Fritid
Mer	Hav
Passeport	Pass
Plage	Strand
Restaurant	Restaurang
Réservations	Reservationer
Taxi	Taxi
Tente	Tält
Train	Tåg
Transport	Transport
Vacances	Semester
Visa	Visum
Voyage	Resa

Vertus #1
Dygder #1

Artistique	Konstnärlig
Bon	Bra
Charmant	Charmig
Confiant	Säker
Curieux	Nyfiken
Décisif	Avgörande
Drôle	Rolig
Efficace	Effektiv
Fiable	Pålitlig
Généreux	Generös
Imaginatif	Fantasifull
Indépendant	Oberoende
Intelligent	Intelligent
Modeste	Blygsam
Passionné	Passionerad
Patient	Patient
Pratique	Praktisk
Propre	Ren
Sage	Klok
Utile	Hjälpsam

Véhicules
Fordon

Ambulance	Ambulans
Avion	Flygplan
Bateau	Båt
Bus	Buss
Camion	Lastbil
Caravane	Husvagn
Ferry	Färja
Fusée	Raket
Hélicoptère	Helikopter
Métro	Tunnelbana
Moteur	Motor
Navette	Skyttel
Pneus	Däck
Radeau	Flotte
Scooter	Skoter
Sous-Marin	Ubåt
Taxi	Taxi
Tracteur	Traktor
Vélo	Cykel
Voiture	Bil

Vêtements
Kläder

Bracelet	Armband
Ceinture	Bälte
Chapeau	Hatt
Chaussure	Sko
Chemise	Skjorta
Chemisier	Blus
Collier	Halsband
Foulard	Halsduk
Gants	Handskar
Jeans	Jeans
Jupe	Kjol
Manteau	Päls
Mode	Mode
Pantalon	Byxor
Pull	Tröja
Pyjama	Pyjamas
Robe	Klänning
Sandales	Sandaler
Tablier	Förkläde
Veste	Jacka

Ville
Staden

Aéroport	Flygplats
Banque	Bank
Bibliothèque	Bibliotek
Boulangerie	Bageri
Cinéma	Bio
Clinique	Klinik
École	Skola
Galerie	Galleri
Hôtel	Hotell
Librairie	Bokhandel
Marché	Marknad
Musée	Museum
Pharmacie	Apotek
Restaurant	Restaurang
Salon	Salong
Stade	Stadion
Supermarché	Mataffär
Théâtre	Teater
Université	Universitet
Zoo	Zoo

Félicitations

Vous avez réussi !

Nous espérons que vous avez apprécié ce livre autant que nous avons pris plaisir à le concevoir. Nous faisons de notre mieux pour créer des livres de la meilleure qualité possible.
Cette édition est conçue pour permettre un apprentissage intelligent et de qualité en se divertissant !

Vous avez aimé ce livre ?

Une Simple Demande

Nos livres existent grâce aux avis que vous publiez. Pourriez-vous nous aider en laissant un avis maintenant ?

Voici un lien rapide qui vous mènera à votre page d'évaluation de vos commandes :

BestBooksActivity.com/Avis50

CHALLENGE FINAL !

Défi n°1

Êtes-vous prêt pour votre jeu bonus ? Nous les utilisons tout le temps mais ils ne sont pas si faciles à trouver. Voici les **Synonymes** !

Notez 5 mots que vous avez trouvés dans les puzzles notés ci-dessous (n°21, n°36, n°76) et essayez de trouver 2 synonymes pour chaque mot.

Notez 5 Mots du **Puzzle 21**

Mots	Synonyme 1	Synonyme 2

Notez 5 Mots du **Puzzle 36**

Mots	Synonyme 1	Synonyme 2

Notez 5 Mots du **Puzzle 76**

Mots	Synonyme 1	Synonyme 2

Défi n°2

Maintenant que vous vous êtes échauffé, notez 5 mots que vous avez découverts dans les Puzzles n° 9, n° 17, n° 25 et essayez de trouver 2 antonymes pour chaque mot. Combien pouvez-vous en trouver en 20 minutes ?

Notez 5 Mots du **Puzzle 9**

Mots	Antonyme 1	Antonyme 2

Notez 5 Mots du **Puzzle 17**

Mots	Antonyme 1	Antonyme 2

Notez 5 Mots du **Puzzle 25**

Mots	Antonyme 1	Antonyme 2

Défi n°3

Formidable ! Ce défi final  n'est rien pour vous.

Prêt pour le dernier défi ? Choisissez 10 mots que vous avez découverts parmi les différents puzzles et notez-les ci-dessous.

1.	6.
2.	7.
3.	8.
4.	9.
5.	10.

Maintenant, composez un texte en pensant à une personne, un animal ou un lieu que vous aimez !

Astuce: Vous pouvez utiliser la dernière page de ce livre comme brouillon !

Votre Composition :

CARNET DE NOTES :

À TRÈS BIENTÔT !

Toute l'équipe

DECOUVREZ DES JEUX GRATUITS

GO

BESTACTIVITYBOOKS.COM/FREEGAMES